«Man amüsiert sich als Komiker ja ungern über das, was Kollegen fabrizieren, aber bei Evers geht es beim besten Willen nicht anders.» Frank Goosen

«Evers' lakonischer Humor ist universell.» Die Welt

«Ein tröstliches Buch, komisch ist es sowieso.» Zitty

Horst Evers stammt aus Evershorst bei Diepholz in Niedersachsen und lebt in Berlin seit der Zeit, als der Westen der Stadt noch eine Insel war. Er studierte Germanistik und Publizistik, jobbte als Taxifahrer und Eilzusteller bei der Post. Bereits während des Studiums schrieb er erste Texte, die er in der Mensa vortrug. Ermutigt vom Erfolg wollte er seine Erzählungen bald einem größeren Publikum zugänglich machen. 1990 gründete er zusammen mit fünf Freunden die Text-leseshow «Dr. Seltsams Frühschoppen», die bald zur erfolgreichsten Lesebühne der Stadt wurde. Inzwischen hat er mehrere sehr lustige Bücher und CDs veröffentlicht und dafür auch schon einige Preise eingeheimst. Unter anderem wurden ihm der Salzburger Stier, der Prix Pantheon, der Deutsche Kabarettpreis und 2008 der Deutsche Kleinkunstpreis in der Sparte «Klein-kunst» verliehen. Im Rowohlt Taschenbuch Verlag sind bereits erschienen: «Die Welt ist nicht immer Freitag» (rororo 24251) und «Gefühltes Wissen» (rororo 24294).

Horst Evers

Mein Leben als Suchmaschine

Rowohlt Taschenbuch Verlag

6. Auflage Januar 2013

Veröffentlicht im Rowohlt Taschenbuch Verlag,
Reinbek bei Hamburg, April 2010
Copyright © Eichborn AG, Frankfurt am Main, April 2008
Umschlaggestaltung any.way
nach dem Original vom Eichborn Verlag,
Gestaltung Christiane Hahn
Illustration: Bernd Pfarr © VG Bild-Kunst, Bonn 2010
Satz aus der Guardi, PostScript, InDesign,
bei Pinkuin Satz und Datentechnik, Berlin
Druck und Bindung CPI – Clausen & Bosse, Leck
Printed in Germany
ISBN 978 3 499 24935 8

Für Anni und Erich

Auf der Suche nach …

EPILOG

... Liebe

Auf der Suche nach …

… einem Plan oder irgendwie so was

YouTube und Brot

Freitagmorgen. Renne durch die Wohnung und suche meine Mütze. Will nicht ohne die Mütze raus. Es ist viel zu windig. Würde mich erkälten. Aber verdammt, wo ist sie nur?

Ah, mit diesem Suchen und Wühlen wird das nix. Setze mich an den Computer und google nach der Mütze.

Zack, da ist sie schon! Der Google-Link leitet mich weiter zu YouTube, und mit ein paar Klicks bin ich bei meinem eigenen Videostream. Seit ich mich immer beim Nachhausekommen filme und dann den kleinen Film sofort bei YouTube ins Netz stelle, spare ich viel Zeit. Zeit, die ich sonst immer fürs Suchen von Mütze, Schal, Schlüssel, Schirm oder Schuhen gebraucht habe. Ich gucke mir einfach am nächsten Morgen bei You-Tube meinen Videostream vom Nachhausekommen an, und rumms! kann ich genau sehen, wo ich alles hingeschmissen habe. Was hab ich früher nicht alles ständig gesucht, aber jetzt kann ich genauso einfach, schön und unkompliziert leben wie alle anderen auch.

Dieses YouTube ist super. Kann ich verstehen, dass Google da 1,6 Milliarden Dollar für bezahlt hat. Hätt ich auch gemacht. Aber ich hab den Moment verpasst …

O nein, ich hatte die Mütze beim Nachhausekommen gar nicht

auf. Ich muss sie schon in der Kneipe liegen gelassen haben. Aber in welcher?

Ah, so ganz und immer hilft einem die moderne Technik eben doch nicht weiter. Irgendwann stößt sie an ihre Grenzen. Da muss wohl heute Nacht ich alte Suchmaschine selbst nochmal ran und durch alle Kneipen gucken. Termine! Termine!

Aber jetzt muss es irgendwie anders gehen. Setze mir die Camcorder-Tasche auf den Kopf und ziehe los.

Der Bäcker hat sich irgendwie verändert. Stimmt, er heißt plötzlich nicht mehr Lekkerback, sondern Spitzenback. Na, Selbstvertrauen haben sie ja. Scheint sich aber auch auszuzahlen. Immerhin drei Leute sind vor mir in der Schlange. Und auch die Verkäuferin ist nigelnagelneu. Der Mann ganz vorne unterzieht sie gerade einem ersten ernstzunehmenden Test:

– Guten Tag, ich möchte gerne für morgen ein Brot von gestern vorbestellen.

– Sie wollen was?

– Ein Brot von gestern vorbestellen. Für morgen.

– Das geht nicht. Das morgige Brot von gestern ist ja heute schon da. Das kann man nicht mehr vorbestellen.

– Aber morgen kostet das Brot von heute, weil's von gestern ist, doch nur noch die Hälfte.

– Ja.

– Na und das will ich.

– Aber das geht nicht. Heute gibt es noch kein Brot, das morgen von gestern ist.

– Ja, aber da hinten liegt es doch.

– Was?

– Na, das Brot, das morgen von gestern ist. Da hinten.

– Ja, aber das ist doch von heute.

– Eben, deshalb will ich's vorbestellen. Dann kostet's ja nur die Hälfte.

– Ja, ja, aber das geht nicht. Man kann Brot von gestern nicht vorbestellen. Wie stellen Sie sich das denn vor? Wenn das alle machen würden. Wo sollte ich denn das ganze Brot lagern? Den Platz hab ich hier gar nicht.

– Der Lagerplatz ist das Problem?

– Ja, genau. Ich brauch doch morgen den Platz für das Brot von morgen.

– Na ja, wenn das das ganze Problem ist, bestell ich eben jetzt für morgen ein Brot von gestern, aber nehm's heute schon mit.

Die Verkäuferin starrt ihn an. Dann starrt sie auf die Schlange, die mittlerweile bis fast auf den Bürgersteig angewachsen ist. Mit leeren Augen packt sie das Brot ein, kassiert den halben Preis und schaut zur nächsten.

– Bitte?

– Ich würde gerne für morgen sechs Brötchen von gestern vorbestellen.

Der Blick der Bäckereifachkraft wird noch leerer. Dieses Mal verzichtet sie bereits auf einen Dialog.

Dann bin ich dran. Die Verkäuferin fragt mich, ob ich eine Camcorder-Tasche auf dem Kopfe trage.

Sage:

– Ja, warum?

– Na weil … … ach, egal.

Sie schiebt mir vier Croissants rüber, murmelt:

– Is okay, stimmt so.

Ich glaube, die Verkäuferin wird nicht lange in unserer Bäckerei arbeiten.

EINS

... Wahrheit

Mal über den Tellerrand gucken

Dienstagmittag. Stehe an der Bushaltestelle und friere. Habe ein schlechtes Gewissen. Da haben wir schon Klimakatastrophe, ständige Erderwärmung, und ich friere immer noch. Kann man es mir denn überhaupt nicht recht machen? Bin ich denn nie zufrieden? Fühle mich undankbar. Undankbar wie die ganze Menschheit. Der Bus hat Verspätung. Bestimmt schon eine Minute. Unglaublich, wie einen diese Berliner Verkehrsbetriebe schikanieren! Trete mit dem Fuß gegen das Haltestellenhäuschen. Als wenn er davon schneller käme. Obwohl, ich hab kaum gegen das Häuschen getreten, da biegt er auch schon um die Ecke. Beschwere mich beim Einsteigen beim Fahrer. War das denn unbedingt nötig? Musste es denn erst so weit kommen, dass ich gegen das Häuschen trete, bis er endlich mal kommt? Geht denn in dieser Welt alles nur noch mit Gewalt? Der Busfahrer schaut mich an. Dann nickt er schuldbewusst. Ja, es stimmt, er habe die ganze Zeit schon an der Ecke gestanden und nur darauf gewartet, dass ich endlich mal gegen das Häuschen trete. Dann erst sei er losgefahren. Aber er sei letztlich auch nur ein Teil einer großen, allumfassenden Weltverschwörung. Einer Weltverschwörung, welche nur ein einziges Ziel habe, nämlich mir, wann immer es geht, das Leben zur Hölle zu machen. Über die genauen Hintergründe dürfe er leider nichts sagen, aber die Verbindungen dieser Verschwörung gingen bis ganz, ganz nach oben. CIA, Mossad, KGB, die hängen da alle mit drin und sorgen dafür, dass jedes Regal, das ich in die Wand schraube, runterkracht, jeder Joghurt immer genau eine Woche abgelaufen ist, wenn ich ihn zufällig im Kühlschrank wiederfinde, und jede Schachtel Pralinen immer direkt beim Gewicht anschlägt. Mehr noch, die ganzen Spionage-, Kalter-Krieg- und Waffenschiebertätigkeiten dieser Geheimdienste seien letztlich alles nur Tarnmanöver, um von ihrem tatsächlichen und einzigen Ziel abzulenken, nämlich mir, wann immer es geht, den Tag zu versauen …

Ich nicke:

– Hm. Verstehe, dann ergibt ja endlich alles einen Sinn. Bedanke mich beim Busfahrer für seine Offenheit. Er nimmt meine Hand:

– Bitte, verraten Sie niemandem, dass ich Ihnen alles erzählt habe, ich würde sonst richtig Ärger bekommen. Verspreche es ihm. Ich meine, warum auch nicht. Die Wahrheit glaubt einem ja doch keiner.

Chance als Scheitern

Neulich habe ich etwas gemacht, was ich mittlerweile wirklich viel zu selten mache. Ich hab mich mal wieder ganz in Ruhe hingesetzt und ein gutes Buch gelesen. Es war die Gebrauchsanleitung meines Videorecorders. Vielleicht ist es jetzt nicht direkt nachvollziehbar, warum das so erhebend war. Erst recht nicht, wenn man bedenkt, dass der Videorecorder ja gerade erst kaputtgegangen ist. Irreparabel kaputt, für immer, weil: So was repariert dir ja heutzutage keiner mehr. War aber trotzdem interessant. Schon erstaunlich, was dieses Gerät alles gekonnt hätte. Mensch, mensch, mensch, was sich das allein alles merken konnte. Schon irgendwo schade, dass ich es nur zum direkten Aufnehmen und Abspielen genutzt habe. Wahrscheinlich hat sich der Videorecorder in der gesamten Zeit hier völlig unterfordert gefühlt. Ist wohl am Ende ziemlich verbittert gewesen, hat still in sich reingeschimpft: «Mann, mann, mann, mann, mann, wie ich dieses ewige Aufnehmen und Abspielen satt habe. Ich könnte bis zu zehn Programmierungen gleichzeitig ausführen, im Monatlich-, Wöchentlich-, Täglich-, Stündlich-Modus, mit Timer, Showview, VPS, was de willst, Weckfunktion, Kindersicherung, sogar Passwörter kann ich mir merken, aber nix, nix, nix, nix, nix … Er benutzt immer nur die fünf oberen Tasten. Oh, diese Flasche! Ich mag bald nicht mehr …»
Ob ihn das wirklich ins Grab gebracht hat? Diese ständige Unterforderung? Weiß noch, wie ich vor Monaten mal versehentlich auf die Einstellungs- und Programmierungstaste auf der Fernbedienung gekommen bin. Hui, da war was los. Wie aufgeregt der war. Was der mir nicht alles vorgeschlagen hat. Und hier noch 'ne Idee, und da noch 'n Menü und «hallo, hallo, hallo, das könnte ich auch noch». Überhaupt nicht mehr

zu bremsen war er da. Wusste mir dann nicht anders zu helfen, als den Stecker zu ziehen und ihn erst zwei Tage später, nachdem er sich einigermaßen beruhigt hatte, wieder einzustecken. Danach war er einfach nicht mehr derselbe. Vielleicht hat ihm das letztendlich den Lebensmut genommen. Und jetzt ist es ganz vorbei.

Wie viele meiner Geräte wohl noch völlig unterfordert sind? Wahrscheinlich alle. Also bis auf den Eierkocher, denn den benutze ich ja überhaupt nicht. Der weiß gar nicht, wie das ist, mal Strom zu kriegen, eingeschaltet zu werden oder so. Der kennt das nicht anders, der denkt sich nix dabei.

Auf meinem Handy gibt es Menüleisten, auf denen noch nie zuvor ein Mensch gewesen ist. Wenn Außerirdische mal geheime, hochentwickelte, alle Probleme lösende Technologie auf der Erde verstecken wollen, sollten sie dies auf den unteren Menüleisten meines Handys tun. Dort wird nie jemand davon erfahren. Wahrscheinlich haben sie das auch schon längst getan. Im Flur stehen 1a Laufschuhe. Vorletztes Jahr nach dem Berlin-Marathon dachte ich: Das kannst du auch. Hab gleich am nächsten Tag mit dem Training begonnen. Erst mal ein paar Kilometer locker durch den Park. Aber nach 800 Metern hatte ich das Gefühl, die Lungenflügel fliegen mir um die Ohren. Konnte mir nicht erklären, woran das lag. Kam dann zu dem Schluss: Wahrscheinlich die Schuhe, du hattest einfach nicht die richtigen Schuhe. Habe mir dann diese Top-Profi-Laufschuhe gekauft, ergonomisch getestet im Windkanal, in der Wüste, im Gebirge; belastbar bis weit über 100 000 Laufkilometer. Heute sind diese Schuhe die wahrscheinlich am meisten unterforderten Gegenstände in meinem Haushalt. Bin immerhin im letzten Jahr mit ihnen mal an die Marathonstrecke, damit sie wenigstens mal anderen beim Laufen zugucken können.

Wenn ich mir demnächst einen neuen Videorecorder kaufen

will, wird der Verkäufer sicher sagen: «Das ist Quatsch.» Ich soll mir lieber einen DVD-Recorder kaufen, die können mittlerweile noch mehr. Und mir wird das natürlich einleuchten, denn je mehr technische Möglichkeiten man hat, desto größer ist das Gefühl von Freiheit, von Unabhängigkeit. Aber natürlich nur, solange man diese Möglichkeiten nicht zu nutzen versucht. Wahrscheinlich würde das ja eh alles nicht wirklich funktionieren, und dann hält man sich für zu blöd. Da ist es doch besser, zu denken, man könnte, wenn man nur wollte, aber muss ja nicht. So, wie damals in der Schule, wo ich auch häufig gar nicht erst versucht habe, die Fragen der Lehrer zu beantworten. Dafür dann aber denken konnte: Wenn ich nur wollte, wenn ich mir wirklich Mühe geben würde, wäre ich wahrscheinlich der Allerschlauste hier. Ein gutes Gefühl, allein dieser Glaube hat mir gereicht. Ich hatte eine glückliche Kindheit.

Werd ich mir nun also einen DVD-Recorder kaufen. Was aber wird dann aus den gut 200 Videokassetten werden? Werde sie wohl neben den kaputten Plattenspieler und die rund 500 Schallplatten stellen und dann geduldig warten, bis das alles total die Raritäten sind und damit schweinemäßig wertvoll. Quasi eine weitere Säule meiner Altersvorsorge. Und dann werd ich mal wirklich eine gute Tat vollbringen. Ich werde zur Waschmaschine gehen und einfach mal eines dieser abstrusen Waschprogramme laufen lassen. Pflegeleicht-Feinwäsche-Synthetik-Spezial, mit extra Wasser, schonend schleudernd, bei aktivierter Fuzzy-Logik-Automatik, Energiespartaste, 37 Grad im Bettwäschemodus. Na, die wird Augen machen. Hoffentlich wird der Eierkocher nicht neidisch.

Mein Recht als Staatsbürger

Mein Fahrrad ist gestohlen worden. Aus dem Innenhof. Schon wieder. Schon das dritte Fahrrad, das mir in Berlin gestohlen wurde. Jetzt reicht's. Polizei gerufen. Der Kontaktbereichsbeamte findet den Diebstahl komisch. Fragt, ob ich sicher bin, dass das Fahrrad gestohlen wurde. Sage, das Fahrrad ist weg, mir persönlich reicht das ja als Beweis. Er sagt, es könnte ja auch sein, dass ein Freund das Fahrrad kurz geliehen hätte oder dass ich das Fahrrad einfach irgendwo vergessen hätte.

Na wunderbar. Hält der mich eigentlich für völlig bescheuert? Sehe ich so doof aus? Das Fahrrad irgendwo stehen gelassen! Wenn der keine Lust hat, den Diebstahl aufzunehmen, soll er es halt sagen. Zumindest dazu stehen, dass er zu faul ist, seine Arbeit zu machen. Seine Arbeit, für die ich ihn doch schließlich mit andrer Leute Steuern bezahle.

Wenn ich mal, ein wenig angetrunken, nachts, über den Bürgersteig staksend, versehentlich die eine oder andere Alarmanlage von parkenden Autos auslöse und dann, auch aus Versehen, dort stehen bleibe und im Takt der hupenden Alarmanlage «Come on, baby, light my fire» singe, dann sind sie sofort da, halten lange Vorträge, kritisieren meinen Gesang, zücken Bußgeldbescheide, pipapo … Das ist ihnen nicht zu mühsam. Aber wehe, man will mal was von ihnen. Dann tun sie so, als wäre man nicht ganz richtig im Kopf, zu doof zum Leben. Es ist doch eine Frechheit, was man sich alles gefallen lassen muss.

Das alles würde ich ihm gerne sagen. Aber ich sage es nicht, weil ich eben so blöd nun doch auch wieder nicht bin. Weil ich weiß, das würde unser Verhältnis nur belasten. Dann tut er gar nichts mehr für mich. Im Gegenteil, wahrscheinlich gäbe es Scherereien. Also halte ich meinen Mund und lasse mich von ihm demütigen, weil ich eben schlau bin, und auch, weil mir just in diesem Moment einfällt, dass ich das Fahrrad tatsächlich vor dem Supermarkt vergessen habe. Stimmt, ich hatte es dort abgeschlossen, es dann aber während des Einkaufs völlig vergessen und bin eben wie immer ganz normal zu Fuß nach Hause gegangen.

Will jetzt aber den Fall mit dieser Randinformation nicht unnötig verkomplizieren. Das geht ja den Polizisten letzten Endes auch gar nichts an. Also meine eigene Doofheit. Eigene Doofheit ist ja wohl immer noch Privatsache. Wär ja noch schöner. Wenn ich schon meine Zeit wegen eigener Doofheit verschwende, muss ich ja nicht auch noch die Zeit des Polizisten verschwenden. Also, zumindest muss er nichts davon wissen.

Lasse ihn in Ruhe alles aufnehmen: Rahmennummer, zipp und zapp, und so haben wir beide doch schon mal das Gefühl, an diesem Tag so richtig was erledigt zu haben.

Ägypten

Dienstagmorgen, 6.13 Uhr. Das Telefon klingelt. Ich schrecke auf und versuche, mich so freundlich, wie ich um diese Zeit nur eben kann, zu melden:
– Bäärrrhh?
– Hallo, Horst, hier ist Peter. Ich wollt nur mal fragen, was machst du eigentlich Weihnachten?
Ich lege auf. Peter ist ein Arsch.
Anrufe dieser Art bekam ich im letzten Jahr ständig von Peter. Seit er wusste, er würde über Weihnachten nach Ägypten fliegen, verbrachte er seine Vormittage damit, alle seine Freunde anzurufen, um zu fragen, was sie denn wohl Weihnachten eigentlich machen würden.

Als er dann endlich weg war, hat er mich die Tage vor Weihnachten jeden Tag zweimal angerufen und auf den Beantworter gesprochen, wie toll alles in Ägypten ist und wie gut es ihm geht. Das war hart. An Heiligabend hab ich ihn dann aber mittags doch mal zurückgerufen, durchs Handy kann man ihn ja jederzeit überall auf der Welt erreichen. Allerdings meldete sich auf der anderen Seite eine mir völlig unbekannte Stimme in einer Sprache, die ich als «vermutlich ägyptisch» einordnete. Ich wählte die Nummer nochmal, diesmal ganz sorgfältig, aber es meldete sich wieder dieselbe Stimme des vermutlich neuen Besitzers von Peters Handy. Offensichtlich hatte Peter jetzt doch ein Problem in Ägypten. Ich rief bei seiner Telefongesellschaft an, um sein Gerät abzumelden, und war anständig verblüfft, wie einfach das ging. Nummer, Kundenname und eine kurze Beschreibung der Umstände reichten, und das Taschentelefon war abgemeldet. Erstaunlich. Die nächsten Stunden verbrachte ich damit, die Handynummern von verschiedenen Maklern, Brokern und sonstigen Angehörigen zwiespältiger Berufsgruppen herauszufinden und deren Handys abzumelden. Das hat ziemlichen Spaß gemacht. Es kann so einfach sein, sich mal einen schönen Nachmittag zu machen.

Schule in Asbest

Prolog:
Ein befreundeter Lehrer erzählte mir folgende kleine, Mut machende Geschichte. Obwohl ich ihm versprechen musste, weder seinen noch den Namen der Schule zu verraten, möchte ich die Geschichte wegen ihres aufmunternden Charakters und der wirklich schönen Moral doch nicht unterschlagen.

Eine Schule in der sehr, sehr weiten Umgebung von Köln. Ein 70er-Jahre-Bau, und wie viele Gebäude aus dieser Zeit hat auch dieses ein Asbestproblem. Nach langem Hin und Her und vielen Schwierigkeiten stellt die Stadt endlich die Gelder für die teure Sanierung zur Verfügung.

Kurz nach Beginn der Arbeiten jedoch stellt sich heraus: Die Baufirma hat seinerzeit die Stadt beschissen. Statt des teuren und abgerechneten Asbests hatte man nur billigere Holzwolle und Dämmstoffe eingebaut.

Hieraus ergaben sich verschiedene Probleme: Da das Geld für die Sanierung ja jetzt schon mal bewilligt, also sozusagen da war, entbrannte nun ein erbitterter Streit zwischen Stadt und Schule, wem das Geld denn nun gehört. Zudem wollte die Stadt auch gern jemanden verklagen. Der Chef der damaligen Baufirma saß allerdings bereits wegen anderer Vergehen im Gefängnis. Immerhin war er dadurch leicht auffindbar. Bei der Befragung nun stellte sich heraus, dass seine Firma seinerzeit eine Vielzahl von Gebäuden auf die gleiche Asbest und Unkosten sparende Art errichtet hat. Ein Teil dieser Gebäude ist aber bereits komplett saniert worden.

Hieraus wiederum ergaben sich neue Fragen, an die Sanierungsfirma und die entsprechenden Schulen zum Beispiel. Außerdem wies der Bauunternehmer jegliche Schuld zurück, da ja, rückblickend gesehen, gar kein wirklicher Schaden entstanden sei. Im Gegenteil.

Was nun lehrt uns diese kleine Geschichte? Es ist doch alles halb so schlimm, wie wir immer denken. Viele Probleme entstehen erst gar nicht, wenn man nur frühzeitig mit dem Bescheißen anfängt.

Eine kleine Freude machen

Als ich kürzlich mit meinem fünfjährigen Kind über den Alexanderplatz ging, entdeckten wir ein paar Meter vor uns plötzlich Wolfgang Völz. Ich zeigte mit meinem nackten Finger auf ihn und sagte zu meinem Kind: «Guck mal, der Mann da vorne, das ist die Stimme von Käpt'n Blaubär, den du doch so gerne magst.» Das macht Eindruck. Das Kind schaut völlig gefesselt zu Wolfgang Völz. Als es ihn nach rund einer Minute immer noch anstarrt, sage ich: «Willst du ihm was Nettes sagen? Der freut sich bestimmt!» Das Kind murmelt: «Weiß nicht.» Aber mich ergreift jetzt der Wahn des Vaters, der seinem Kind unbedingt ein unvergessliches Erlebnis bescheren will. Sage: «Ach, komm», das Kind lenkt ein: «Na gut.»

Wir gehen zu ihm. Ich sage: «Entschuldigung, Herr Völz, Sie sind doch die Stimme von Käpt'n Blaubär, oder?»

Er lächelt sehr nett: «Ja, das bin ich.»

«Schön, mein Kind würde Ihnen gerne was sagen.»

Er lächelt jetzt noch netter zu meiner Tochter. Sie sagt: «Ich finde Käpt'n Blaubär ganz toll, vielen Dank, Sie machen das ganz toll. Aber ich habe ein bisschen Angst. Gibt es Käpt'n Blaubär noch, wenn Sie jetzt bald tot sind?»

Keine Antwort.

Ich hoffe, Wolfgang Völz hat sich trotzdem ein bisschen gefreut.

Das neue Hemd – oder:
Natürlich gilt die Broken-Windows-
Theorie auch für Berlin

Mein Kioskbesitzer hat ein neues Hemd. Ist ganz schön ungewohnt, morgens in den Kiosk zu kommen, wie jeden Morgen, nichts Böses ahnend, denn was soll auch schon sein, und dann steht auf einmal der Kioskbesitzer da und hat ein neues Hemd.

Seit vier Jahren gehe ich jeden Morgen in diesen Kiosk. Und auf einmal: ein neues Hemd.

Habe ihn gefragt, warum. Was das denn nun soll. Das alte sei doch noch gut gewesen.

Er sagt, im Prinzip schon, aber er hatte das Gefühl gehabt, er sollte mal etwas anderes machen. Etwas Ungewöhnliches, was ihn, den Laden und womöglich auch irgendwie die ganze Umgebung verändert, vielleicht sogar aufwertet.

Na wunderbar. Mein Kioskbesitzer lockt die Spekulanten in unser Viertel. Gerade von ihm hatte ich das eigentlich am wenigsten erwartet. Aber wenn es nur die Spekulanten wären.

Erkläre ihm, dass er doch auch Verantwortung trage. Immerhin kämen in seinen Kiosk jeden Tag um die tausend Leute. Wenn die jetzt alle sehen, dass er ein neues Hemd hat, wie werden die wohl reagieren?

Na logisch, die wollen dann doch auch alle ein neues Hemd. Man weiß doch, wie die Menschen sind. Und wenn er nun diese ganzen vielen neuen Hemden jeden Tag sehen muss, dann kommt ihm sein neues, schickes Hemd bald gar nicht mehr so schick vor. Dann ist da plötzlich wieder diese Leere. Dann muss er wieder nachrüsten.

Was zunächst nur mal gedacht war als ein unschuldiges, unscheinbares neues Hemd, das fordert bald auch eine neue

Hose. Und dann in unerbittlicher Konsequenz neue Schuhe, Manschettenknöpfe, ein fliederfarbenes Jackett, Einstecktücher ...

Und die Kunden natürlich immer hinterher. In kürzester Zeit laufen wir hier alle rum wie die Affen. Wenn diese Spirale einmal in Gang gesetzt ist, kann sie niemand mehr aufhalten.

Ehe er richtig realisiert, was eigentlich geschehen ist, sitzt er hier schon in seinem Kiosk im Hermelinmantel auf einem samtpurpurfarbenen Thron und verkauft extravagante Kaugummis an Kunden, die sich auf Sänften reintragen lassen und kleiden wie der Erzbischof ... Aber noch schlimmer als diese ganze ästhetische Dimension sind natürlich die ökonomischen Auswirkungen. Was das alles kostet! In kürzester Zeit wird der gesamte Kiez hier völlig überschuldet sein.

Mein Kioskbesitzer nickt nachdenklich:

Ja, da sei schon was dran. So habe er die ganze Sache bislang noch gar nicht betrachtet. Obwohl, so ein seltsam ungewohnt mulmiges Gefühl beim Anziehen des neuen Hemdes habe er am Morgen schon verspürt. Doch nun sei es ja schon passiert. Jetzt könne man doch sowieso nichts mehr machen.

«Na ja», versuche ich seine Resignation aufzufangen, «vielleicht wenn Sie es ein wenig bekleckern würden. Dann wäre doch zumindest schon mal keiner mehr neidisch.»

Habe seitdem einerseits immer ein bisschen ein schlechtes Gewissen, wenn ich morgens in den Kiosk komme und den Besitzer mit seinem bekleckerten Hemd sehe. Andererseits aber hat es sich total bewährt. Im gesamten Viertel hat sich trotz des neuen Hemdes meines Kioskbesitzers nichts, aber auch gar nichts verändert.

Wenn es doch überall so viel besser geworden wäre wie in der Zahnmedizin

«Wer heute noch Angst vorm Zahnarzt hat, dem ist nicht zu helfen. Die Zahnmedizin hat in den letzten 20 Jahren enorme Fortschritte gemacht. Schmerzen beim Zahnarzt gibt es praktisch gar nicht mehr. Zum Zahnarzt gehen ist heute praktisch wie zum Friseur gehen …» Höre diese Sätze immer wieder in einer Endlosschleife. Seit Tagen. Habe sie selbst eingesprochen und dann auf den MP3-Player geladen. Als Vorbereitung auf meinen mit großer Spannung erwarteten Zahnarzttermin. Den ersten seit über 15 Jahren. Ob der Zahnarzt wohl genauso aufgeregt ist wie ich? Eigentlich hätte ich schon längst mal einen Termin ausmachen wollen, aber dann kam irgendwie immer wieder etwas dazwischen. Mal war's Hunger, mal war ich müde, ein andermal hatte ich grad nichts zu schreiben gehabt, um mir einen möglichen Termin zu notieren. Das Übliche eben. Aber jetzt hab ich es ja doch noch geschafft, mal einen Termin auszumachen. Also, genau genommen hat es die Freundin geschafft. Aber ich habe es geschafft, mir den von ihr ausgemachten Termin zu notieren. Also, aufgeschrieben hat sie ihn natürlich, aber ich habe den Zettel nicht verloren. Also, verlegt habe ich ihn schon, aber dafür den Termin nicht vergessen, wobei es sicherlich auch ein wenig geholfen hat, dass sie mich seit Tagen quasi stündlich daran erinnert hat. Diese Sätze über die vollkommen schmerzfreie moderne Zahnmedizin hat sie mir auch rausgesucht. Aber sonst habe ich alles ganz alleine geschafft. Den Weg bis zur Praxis und so. Musste dann nur noch ein bisschen warten, weil ich irgendwie die Zeiten mit dem Termin und so durcheinandergebracht habe. Doch dann geht's endlich ins Behandlungszimmer. Die Assistentin dreht den Liegesessel so, dass ich direkt auf die schöne Urkunde «painless dentist» schaue. «Na siehste!», denke ich, und nicht nur das, auch psychologisch sind die Dentisten mittlerweile richtig gut geschult ...

Der Zahnarzt schaut sehr lange und sehr nachdenklich in meinen weit aufgerissenen Mund. Dann endlich findet er seine Sprache wieder.

– Wissen Sie, woran ich denken muss, wenn ich so in Ihren Mund schaue?

– Nein?

– Ich war echt lange nicht mehr auf der Akropolis. Sagen Sie mal, Ihre Zähne haben aber auch schon mal bessere Zeiten gesehen.

Denke, na, der Anfang lief ja schon mal ganz gut. Beschließe, die Situation mit einem kleinen Mörderscherz aufzulockern.

– Jaha, das ist der Zahn der Zeit, hähäää ...

– O nee, das hat mit dem Alter nix zu tun. Gucken Se mal hier!

Er grinst mir seine Zähne breit entgegen.

– Mmh, sehen echt super aus.

– Und dabei bin ich bestimmt zehn Jahre älter als Sie. Und was meinen Sie, warum meine Zähne so sind und Ihre eben so ... na ja?

– Weiß nicht? Vielleicht, weil Sie den besseren Zahnarzt haben?

Stille. 3, 4, 5, 6 Sekunden: Stille, dann plötzlich:

– Haha, der ist gut, den muss ich mir merken, der gefällt mir. Haha. Wollen Sie 'ne Betäubung?

Erneut Stille. Er grinst.

– Weiß nicht? Brauch ich eine?

– Och, an sich glaub ich, Sie schaffen das auch ohne. Für die Behandlung wäre das auch besser.

Denke scharf nach. Fand er meinen Witz wirklich lustig? Lasse den Blick schweifen. Die Assistentin versucht mir offensichtlich mit angstverzerrtem Gesicht irgendetwas mitzuteilen.

– Also, was ist nun? Machen wir ohne, ne?

Die Assistentin wird jetzt richtig unruhig. Hektisch schlägt sie vor, vielleicht doch noch einen Schmerzsensibilitätstest zu machen.

– Echt? Na gut. Mit Eis. Wenn Sie Schmerzen spüren, schreien Se einfach. Wenn nicht, machen wa ohne.

Er balanciert ein Stückchen Eis in den Mund. Ich schreie auf vor Schmerz. Die Assistentin hat mir in den Arm gekniffen. Und wie! Der Zahnarzt ist enttäuscht:

– O Gottogott, Sie sind aber empfindlich. Naaa gut, machen wa eben mit Betäubung.

Die Assistentin strahlt erleichtert. Während sie die Spritze fertig macht, entwirft der Arzt für meinen Mund einen Schlachtplan. Mit einem Metallhaken tippt er leicht auf die einzelnen Zähne:

– Ene mene meck und du bist weg. Ach? Na gut, fangen wir halt mit dem an. Zumindest der neue Weisheitszahn rechts unten ist wohl noch okay. Der wird keine Probleme machen, den können wir stehen lassen. Immerhin. Der Rest, ich sag mal, entweder Fassadenarbeiten, oder wir machen's wie beim Stadtschloss, Abriss und kompletter Neubau.

Was redet dieser Mann. Er will mir ein Stadtschloss in den Mund bauen? Sage:

– Ich war ja eigentlich immer eher für den Erhalt des Palastes der Republik.

– Ehrlich? Na gut, dann sanieren wir eben den Palast der Republik in Ihrem Mund. Schade, ich hätte Ihnen auch das Stadtschloss gegönnt. Wär genauso schön geworden wie das echte. Und auch von den Kosten her wär's in etwa aufs Gleiche rausgekommen.

Ich lache, so gut man das mit einem Metallhaken und einem Spuckesauger im Mund eben kann. Dabei hat er diesmal tatsächlich keinen Scherz gemacht.

Den Standort Evers fit machen

Montagmorgen 7.00 Uhr. Irgendwas rumpelt im Magen. O nee, was is das denn nu wieder? Spüre genauer nach. Aaah ja, das ist wieder diese Aufbruchstimmung. Leide seit einiger Zeit immer häufiger unter Aufbruchstimmung und Zuversicht. Kann man nix machen. Gegen seine Natur ist der Mensch ja machtlos. Muss ich wohl wieder ran. Also gut, denn wolln wir mal:

Hey, hey, hey, hier geht was ab! Jetzt wird aber alles besser, aber hallo. Das wird aber dermaßen, aber so was von, das haste noch nich jesehn. Da is die Hölle los. Mann, mann, mann, boarrh, das gibt nochmal so richtig neue Gründerjahre mit allem Schnickschnack und Pompom, fett das Wachstum und das ganze Zeug. Jawollja!

So. Das war das. Dreh mich nochmal um. Aber kann jetzt nicht mehr schlafen. Plötzlich Zweifel. Was, wenn du gar nicht dabei bist? Was, wenn hier richtig Aufschwung is, mit allem Schnickschnack und so, und die nehmen dich gar nicht mit? Das trau ich denen zu! Das wär wieder typisch, so wie damals mit diesem Aktienmist, wo alle inner Hängematte Millionär geworden sind, und mir sagt wieder keiner was. So seht ihr aus. Damals, da hammse sich doch alle von der Bank 'nen privaten Geldautomaten inne Wohnung hängen lassen, und ich kriegte nicht mal'n Deckel inner Kneipe. Aber diesmal nich! Diesmal wird das anders. Dieser Aufschwung, da steht aber mein Name drauf!

Ich darf mich nur nicht auf den Staat verlassen. Ich muss den Standort Evers fit machen. Fit für alles, den Markt, ausländische Investoren und den ganzen Rest. Sofort geht das jetzt hier los, auf der Stelle, direkt … also, morgen.

Dienstagmorgen. Jetzt geht's los.

Betrachte den Reformstau bei Abwasch, Wäschebergen und Schreibtisch. Das muss hier alles liberalisiert werden. Ein «Weiter so» kann es nicht geben. Teile dem Abwasch, den Wäschebergen und dem Schreibtisch mit, dass sie von nun an für sich selbst verantwortlich sind. Den Rest wird dann ja wohl der Markt erledigen.

Muss neue Felder erschließen. Denktabus darf es nicht mehr geben. Überdenke mein Konzept der Mülltrennung. Wenn ich den Müll nicht mehr trennen würde, bräuchte ich statt vier nur noch einen Müllbehälter. Das würde meinen Verwaltungsapparat entlasten und gleichzeitig Platz schaffen für ausländische Investoren oder so.

Muss mehr in Bildung investieren. Bildung ist der Schlüssel. Suche im Internet nach korrupten Universitäten. Schreibe sie dann an und frage, was es mich kosten würde, mir einen Doktortitel zu kaufen.

Muss endlich ausländische Investoren in die Wohnung holen. Sollte dem australischen Wirt von der Kneipe an der Ecke anbieten, den durch die wegreformierten Müllbehälter frei werdenden Platz in der Wohnung als Getränkelager anzumieten.

Der demographische Faktor macht mir Sorgen. Bin schon wieder älter geworden. Wenn das so weitergeht, ist kein Ende abzusehen. Fühle mich beängstigend gesund. Muss mein Konzept der Altersvorsorge völlig neu überdenken. Es auf neue solidere Füße stellen. Beginne Überraschungseierfiguren zu sammeln.

So. Jetzt sollte ich endlich Kontakt mit meinem ausländischen Investor aufnehmen. Gehe runter zur Kneipe. Muss erst mal einen Markt schaffen. Brillanter Plan. Wenn ich ganz viel trinke, steigt sein Umsatz, die Lagerkapazitäten stoßen an ihre Grenze, und dann schlag ich zu. Rest des Tages verbringe ich in der Kneipe mit der Ankurbelung meines Konjunkturprogramms …

Mittwochmittag. Für die Altersvorsorge zwölf Überraschungseier gefrühstückt. Seltsames Völlegefühl. Fühle, dass Großes bevorsteht.

Muss weiter Zukunftstechnologien erschließen. Keine Denktabus mehr. Sollte auch mal über Gentechnik nachdenken. Wenn es gelänge, die Zimmerpalme mit dem Staubsauger zu kreuzen, würde vielleicht die Zimmerpalme die Wohnung putzen. Verkable die Zimmerpalme und schließe sie an den Staubsauger an. Wenn ich erst mal Zimmerpalmen züchten kann, die die ganze Wohnung in Schuss halten, macht mich das zum Weltmarktführer.

Muss weiter meinen Haushalt entlasten. Abgaben reduzieren. Setze Schreiben an Vermieterin auf. Schlage stark leistungsbezogenen Mietvertrag vor. Bin ja oft gar nicht in der Wohnung. Das muss doch bei der Miete berücksichtigt werden.

Mein ausländischer Investor ruft an, sagt, er glaube nicht, dass er sein Getränkelager erweitern muss. Muss den Druck erhöhen. Gehe wieder runter zur Kneipe. Rest des Tages Konjunkturprogramm.

Donnerstagmittag. Kurzschluss zwischen Zimmerpalme und Staubsauger hat einiges Chaos in der Wohnung verursacht. Beantrage EU-Gelder zum Wiederaufbau.

Zum Frühstück wieder zwölf Überraschungseier. Die Kosten für Alterssicherung bedrohen die langsam anziehende Konjunktur.

Mein ausländischer Investor weigert sich weiterhin, Lagerraum in meiner Wohnung anzumieten. Diese Heuschrecke. Darf jetzt keine Halbherzigkeiten zulassen. Muss Entschlossenheit beweisen. Mein Konjunkturprogramm durchsetzen. Muss mehr trinken, mehr trinken, mehr trinken …

Freitagabend. Erfolg. Der australische Wirt hat mir eine halbe Flasche Bier mitgegeben. Zum Testlagern, also wenn ich dafür nach Hause gehe. Mein Programm schlägt durch. Der Standort Evers ist fit. Fit für den Aufschwung. Jetzt geht's los!

ZWEI

... dem Woher

Das Brückengeländer

Als Kind, ich muss damals so sieben oder acht Jahre alt gewesen sein, habe ich einmal, alleine an einer gottverlassenen Kanalbrücke spielend, meinen Kopf durch das alte, rostige, schmiedeeiserne Brückengeländer gesteckt. Wie genau ich meinen Kopf da durchbekommen habe, weiß ich nicht mehr. Was ich allerdings noch genau weiß, ist, dass ich dann den Kopf einfach nicht mehr aus diesem Gitter herausbekommen habe. Ich konnte mich oder den Kopf drehen und wenden, wie ich wollte, da ging nichts mehr. Die Kanalbrücke war, wie gesagt, gottverlassen, und Niedersachsen, wo ich aufgewachsen bin, kann sehr, sehr weitläufig und menschenleer sein. Die folgenden Stunden, die ich in der Brücke hing und auf meine Rettung wartete, waren eine der prägendsten Erfahrungen meiner Kindheit. In diesen sechs Stunden habe ich mir geschworen, nie wieder meinen Kopf in irgendwelche Kanalbrückengeländer zu stecken. Und mich auch sonst nie wieder in Situationen zu begeben, wo ich nicht vorher weiß, wie ich da wieder herauskomme. Und überhaupt eigentlich nie wieder irgendwie irgendwas zu machen. Daran habe ich mich eigentlich bis heute gehalten.

Gefunden hat mich damals übrigens unser Förster. Über unseren Förster ging das Gerücht, er würde Kinder nicht so wirklich mögen. Als er mir auf meine Bitte, er möge doch möglichst schnell ein Schweißgerät oder eine Säge holen, um mich aus dieser Brücke rauszuschweißen oder -zusägen oder was weiß ich; als er mir auf diese meine Bitte mitteilte: das Brückengeländer sei denkmalgeschützt, und man könne da leider gar nichts machen, da wusste ich, dass die Gerüchte über ihn nicht nur Gerüchte waren.

Stattdessen bot er mir an, eine kleine Hütte um mich herumzubauen, dann hätte ich es in den folgenden Jahren zumindest einigermaßen trocken und ein bisschen warm. Ich glaube, hätte außer dem Förster nicht später auch noch mein mich suchender Vater mich gefunden: wahrscheinlich wäre mein weiteres Leben völlig anders verlaufen.

Wenn unser Dorf ein wenig größer gewesen wäre oder sich zumindest irgendjemand für die Menschen interessiert hätte, wäre das Ansägen dieses denkmalgeschützten Brückengeländers vielleicht eine Straftat gewesen. Zumindest eine kleine. So hingegen gab es trotz wütender Proteste des Försters nicht einmal eine Meldung in der Kreiszeitung. Die berichtete erst mehrere Jahre später, als eine komplette Seite des Brückengeländers zerstört worden war. Ein Landwirt hatte versucht, während er sehr, sehr langsam über die Brücke fuhr, direkt von seinem Traktor aus in den Kanal zu pinkeln. Dies misslang in erheblichem Ausmaß. Trotz Spott und Verletzung blieb dem ungeschickten Freizeitartisten jedoch der Ruhm, damit eine schöne Tradition begründet zu haben, in welcher ihm bis heute junge Nachwuchsfahrer mit Freude und zumeist auch deutlich mehr Erfolg nacheifern.

Lasst uns Weihnachten durch Kinderaugen sehen

Der Morgen des 23. Dezember. Ein Tag vor Weihnachten. Das Kind ist schon angemessen aufgeregt. Allerdings noch weniger wegen Heiligabend, sondern zunächst noch wegen der 24. Morgen wird das letzte Türchen geöffnet. Fünfmal, denn es sind fünf Adventskalender. Zwei von den Großeltern, ein selbstgebastelter aus dem Hort, einer vom Patenonkel, und der fünfte, ja, von dem weiß eigentlich keiner so genau, wie der überhaupt in unseren Haushalt gekommen ist. Irgendwann Ende November war er plötzlich da. So, wie manche Dinge eben plötzlich da sind. Beispielsweise habe ich, soweit ich mich erinnere, noch nie in meinem Leben Besteck gekauft. Trotzdem hatte ich in allen meinen Wohnungen immer ausreichend Besteck. Keine Ahnung, warum. Es war irgendwie einfach immer da.

Alle 24er-Türchen der Adventskalender haben übrigens Druckstellen. So einige Druckstellen vom Fühlen. Meine Tochter behauptet felsenfest, sie wäre es nicht gewesen. Und ich glaube ihr, weil ich ein guter Vater bin. Einer, der seiner Tochter vertraut, der das, was sie sagt, ernst nimmt, dem Kind nicht aus Bequemlichkeit oder Universalmisstrauen irgendwas unterstellt. Ein Vater, der genau weiß, wie sehr so ein grundloser Verdacht eine Kinderseele verletzen kann, dem seine Tochter wichtiger ist als uneingedrückte 24er-Türchen und der darüber hinaus ja weiß, dass er sie selbst zerdrückt hat.

Ich mag Adventskalender. Schon immer. Das Erfühlen des 24er-Türchens ist eine meiner schönsten Kindheitserinnerungen. Das gehört zu Weihnachten dazu. Nächstes Jahr mache ich das mit der Tochter gemeinsam. Gemeinsam Verbotenes zu tun, gehört zu den schönsten Sachen, die man als Familie zusammen unternehmen kann. Es fördert einfach Vertrautheit, Zusammenhalt und Geborgenheit. Vielleicht basteln wir dann auch unseren eigenen Adventskalender. Daran hatte ich auch immer Spaß. Obwohl meine Kalender wahrlich nicht alle so wirklich erfolgreich waren.

Im Alter von 16 Jahren habe ich mal extra einen Handarbeitskurs besucht, um für mich einen Adventskalenderoverall nähen zu können. Ein purpurroter Overall mit 24 Türchen. Auf den Schultern zwei Halter für Kerzen. Den habe ich dann am ersten Dezember angezogen und bin damit zu meiner damaligen Freundin Claudia. Also, wir waren jetzt noch nicht wirklich zusammen. Also, genau genommen war sie sehr, sehr viel weniger mit mir zusammen als ich mit ihr. Mit diesem Ganzkörperadventskalender wollte ich jetzt allerdings mal Nägel mit Köpfen machen und ihr Herz für alle Zeiten oder doch zumindest bis über die Feiertage gewinnen. Jeden Tag, sagte ich ihr freudestrahlend, dürfe sie ein Türchen öffnen. Als Claudia jedoch den riesigen Hosenlatz mit der 24 sah, hat sie sich direkt von mir getrennt. Drücken oder fühlen wollte sie auch nicht. Nun ja, nicht jeder hatte eine glückliche, sorgenfreie Pubertät.

Sechs Jahre zuvor, im Alter von zehn, habe ich mal 24 Mäuse besorgt, um mit denen einen Adventskalender für unsere Katze zu basteln. Doch als ich sie in die Schachteln stecken wollte, sind sie mir irgendwie entwischt. Im Sommer hatten wir dann um die hundert Mäuse. Meine Mutter hat mir daraufhin verboten, weitere Adventskalender für die Katze zu basteln.

Meinen schönsten Adventskalender bekam ich jedoch im Alter von 21. Mein damaliger Mitbewohner und alter Jugendfreund Markus hat ihn mir gebastelt. 24 kleine Säckchen, und in jedem steckte ein liebevoll handgedrehter Joint. Auf die Blättchen hatte er mit Lebensmittelfarbe kleine Weihnachtsmotive gemalt. Ein Kifferadventskalender. Damals sind wir jeden Morgen ganz früh aufgestanden, um ein neues Säckchen zu öffnen. Ich habe offen gestanden nicht mehr sehr viele Erinnerungen an diese Zeit. Außer dass das Säckchen mit der 24 echt ziemlich groß war. Unsere Tage damals hatten eine relativ klare Struktur. Irgendwann war es morgens, dann aber plötzlich auch abends und dann auf einmal wieder morgens. Zwischendrin hatte manchmal einer von uns Geburtstag. Zumindest haben wir das behauptet, um nicht abwaschen oder kochen zu müssen oder so. Ob da sonst noch was war? Wer kann das wissen? Wir haben, glaub ich, noch geredet, echt ziemlich viel geredet. Was auch immer. Vermutlich dies und das. Wenn man eine gemeinsame Kindheit in Diepholz in Niedersachsen hatte, geht einem nie der Gesprächsstoff aus. Und immer wieder sprachen wir wahrscheinlich auch von unserem schlimmen Weihnachtstrauma. Dem Tag, den nur wir wohl nie wieder vergessen würden.

Der Winter des Jahres 1972 war ein recht milder Winter. Ich war damals fünf Jahre alt. Meine Eltern hatten versprochen, mit mir am verkaufsoffenen Samstag vor dem dritten Advent ins Kaufhaus Seitz nach Diepholz zu fahren. Verkaufsoffener Adventssamstag. Bis 16.30 Uhr hatte das Kaufhaus auf. Der blanke Wahnsinn. Mein Großvater verurteilte das. Es verbitterte ihn, dass es immer weniger Zeiten gab, an denen man nicht von ihm verlangte, dass er irgendwas kauft. «Irgendwann», prophezeite er düster, «irgendwann werden sie die Kaufhäuser an den Adventssamstagen auch noch bis 19.00 Uhr aufmachen. Dann haben sie es geschafft. Dann ist gar keine Besinnung mehr. Dann findet das ganze Weihnachten nur noch im Kaufhaus statt!»

Mein Großvater war ein notorischer Schwarzmaler. Das wussten alle in der Familie. Und eigentlich auch alle im ganzen Landkreis.

Das Kaufhaus Seitz war das größte Kaufhaus in ganz Diepholz. Das wäre es allerdings auch gewesen, wenn es kleiner gewesen wäre, denn es war das einzige Kaufhaus in Diepholz. Es hatte zwei Etagen und dazwischen eine Rolltreppe. 1972 die einzige Rolltreppe in ganz Diepholz und damit eine der wichtigsten Sehenswürdigkeiten der Stadt. Mein Großvater verurteilte auch diese Rolltreppe:

«Irgendwann werden die Menschen gar nicht mehr selber gehen. Und dann wird die Evolution dafür sorgen, dass sich Füße und Beine wieder zurückentwickeln. Und weil auch keiner mehr arbeitet, werden sich Hände und Arme auch zu-rückentwickeln. Dann bestehen alle Menschen nur noch aus Kopf und dickem Bauch und rollen den ganzen Tag durch die Kaufhäuser!»

Am dritten Adventssamstag kam der Weihnachtsmann ins Kaufhaus Seitz. Das war eine große Geschichte. Dem konn-te man nämlich dann direkt seine Wünsche sagen. Nur drei Wünsche. Die wichtigsten drei. Der Weihnachtsmann mochte es gar nicht, wenn man ihm mehr als drei Wünsche sagte. Das wussten alle Kinder von Herrn Seitz, dem Inhaber des Kauf-hauses. Und der war sehr, sehr gut mit dem Weihnachtsmann befreundet. Zumindest sagte das Herr Seitz immer. Wir be-wunderten ihn für diese Freundschaft.

Seit Wochen hatte ich meine drei Wünsche geübt, sie mir im-mer wieder leise vorgesprochen, damit ich nur nichts falsch machte, wenn ich beim Weihnachtsmann auf dem Schoß saß. Ein Cowboy-und-Indianer-Fort, eine elektrische Rolltreppe für unser Haus und als dritten Wunsch, dass mein Großvater nichts von der Rolltreppe merkte. Punkt 14.30 Uhr sollte der Weihnachtsmann seinen geschmückten Thron im ersten Stock besteigen. Aber schon kurz nach eins stand ich mit Hunderten anderer Kinder davor und wartete. Immer wieder murmelte ich meine drei Wünsche wie ein Mantra vor mich hin. Und alle Kinder um mich herum murmelten auch ihre Wünsche. Um die 300 Kinder standen murmelnd im ersten Stock des Kaufhauses Seitz. Eine großartige Geräuschkulisse, eigentlich wie in einem mittelalterlichen Kloster, nur dass wir statt Rosenkränzen von Lego, Barbies und Spielzeugpanzern murmelten. Dann wurde es endlich 14.30 Uhr. Der Weihnachtsmann kam mit großem Pompom die Rolltreppe hochgefahren, brüllte ununterbrochen: «Hohoho, Kinder, hohoho …», und 300 Kinder schrien wie am Spieß. Die Beatles wären vor Neid erblasst. Der Weihnachtsmann bahnte sich den Weg zu seinem Thron, dröhnte ununterbrochen mit knallrotem Kopf: «Hohohoooo …», bis er den Sessel erreicht hatte. Dort jedoch hielt er plötzlich inne, rief irgendetwas, was wegen des Geschreis von uns Kindern nicht zu verstehen war, ließ sich erstaunlich unelegant in den Thron fallen, versuchte wohl nochmal, was zu rufen, und sackte dann in sich zusammen. Es dauerte ungefähr eine Minute, bis Kinder, Eltern und Herr Seitz realisiert hatten, was geschehen war. Der Weihnachtsmann war tot. Einfach so. Die Aufregung war wohl doch etwas zu viel gewesen. Er war vor ihren Augen gestorben.

Es ist nie schön, wenn ein Weihnachtsmann stirbt, aber direkt vor den Augen von 300 drei- bis siebenjährigen Kindern ist es schon recht nahe an einer respektablen Katastrophe.

Innerhalb weniger Augenblicke wich der Lärm einer völligen Stille. Diese dauerte gefühlte zwei bis drei Monate an. Tatsächlich waren es wohl höchstens fünf Sekunden. Dann aber rissen sich die ersten Kinder am Riemen und heulten und schrien in altersgerechter Weise, wie es dem Anlass angemessen war. Einige schimpften, weil jetzt alle ihre Mühe vergebens gewesen war. Markus rannte vor und brüllte dem toten Weihnachtsmann vorsichtshalber trotzdem noch seine Wünsche ins Ohr. Man kann ja nie wissen.

Herr Seitz stand fassungs- und regungslos inmitten des Tumults. Dabei wartete auf ihn noch ein weiterer Schicksalsschlag. Wie sich später herausstellte, war an diesem Wochenende nämlich nicht nur sein sehr, sehr guter Freund, der Weihnachtsmann, gestorben, sondern zufällig auch noch der alte Seitz, sein Vater und Seniorchef des Kaufhauses.

Die Kinder haben den Schock dann doch letzten Endes alle mehr oder weniger gut weggesteckt. Zumindest wenn man jetzt mal von dem einen oder anderen Trauma absieht, welches später dann mit Kifferadventskalendern oder Ähnlichem bekämpft wurde. Schon im nächsten Jahr waren alle wieder beim Weihnachtsmannbesuch im Kaufhaus Seitz dabei.

Nur Herrn Seitz muss das Ganze sehr nahe gegangen sein. Zumindest wurde er in den folgenden Jahren nie wieder beim Besuch des Weihnachtsmanns in seinem Kaufhaus gesehen.

Vorbeugende Wahnvorstellungen

Frischgewaschene Menschen machen mich immer ein bisschen misstrauisch. Wenn mir so einer entgegentritt, denke ich
immer, der will doch was von mir, warum hätte der sich sonst
gewaschen? Stinkende Menschen allerdings machen mich
auch misstrauisch. Da denke ich stets, warum stinkt der so?
Der will doch mit seinem Geruch von was noch viel Schlim-
merem ablenken. Und so, wie der riecht, muss das schon was
richtig Schlimmes sein. Am allermisstrauischsten aber machen
mich Menschen, die nach gar nichts riechen. Da stimmt doch
nun wirklich was nicht.

Seit einiger Zeit sammle und entwickle ich in meiner Freizeit
Psychosen. Ist so eine Art Hobby geworden.

Diese ist besonders hübsch. Die Geruchspsychose. Die muss
ich mir merken. Die schenk ich meinem Psychotherapeuten zu
Weihnachten. Na ja, tatsächlich habe ich natürlich gar keinen
Psychotherapeuten. Bin auch nirgendwo in Behandlung. Ich
bilde mir das nur ein, dass ich einen Psychotherapeuten hätte
und da immer mal wieder hinmüsste. Das ist so eine Art vor-
beugende Wahnvorstellung, damit ich nicht irgendwann tatsächlich mal zu einem richtigen Psychotherapeuten muss, weil:
die sind ja alle verrückt. Riechen auch so komisch.

Funktionieren ganz gut, diese vorbeugenden Wahnvorstellungen. Man muss sich das in etwa so vorstellen wie Brand-
schneisen. Also kleinere, kontrollierte Brände, die man ab-
sichtlich legt, um die Ausbreitung von zum Beispiel größeren,
gefährlichen Waldbränden zu verhindern. Ist eben alles eine
Frage der Organisation.

Aber diese vorbeugenden Wahnvorstellungen haben auch etwas Beruhigendes. Teilweise taugen sie sogar als eine weitere
Säule der Illusion einer Altersvorsorge.

Einer der beliebtesten und häufigsten Berufswünsche bei jungen Menschen ist ja zur Zeit Gerichtsmediziner oder Pathologe. So wie in CSI Miami oder dem Münster-Tatort oder noch rund 50 anderen aktuellen Krimiserien und ungefähr zwei Millionen Kriminalromanen. Doch nun mal angenommen, wir bilden jetzt tatsächlich derartig viele Gerichtsmediziner aus: Wo nehmen wir dann später die ganzen psychopathischen Killer her, um die auch zu beschäftigen? Da denkt natürlich heute keiner dran. Außer mir. Dann komm ich groß raus, mit meinen ganzen in der Freizeit auf Halde produzierten Psychosen. Man wird sie mir aus den Händen reißen. Dann werd ich zum Psychosenmogul.

Es ist schon so, wie die Krankenkassen gerne sagen: Verantwortliche Vorsorge und damit auch Gesundheit beginnt immer im Kopf.

Lemgo

«In der heutigen Zeit muss man flexibel sein.»
Dieser Satz ist nicht von mir. Den habe ich geklaut. Aus einer Talkshow, also eigentlich aus ganz vielen Talkshows, wo kluge und erfolgreiche Menschen den weniger klugen und erfolgreichen Menschen vor den Bildschirmen erklären, warum sie, also die nicht so erfolgreichen Menschen, es niemals packen werden. Zumindest nicht, wenn sie nicht endlich mal auf die weisen Ratschläge der klugen Menschen hören.
«In der heutigen Zeit muss man flexibel sein.» Für mich nichts Neues. Ich denke das auch immer, wenn ich beim Brötchen-holen in den Regen komme, die Shampooflasche raushole und mir erst mal die Haare wasche. Ob beim Wetter oder sonstigen gesellschaftlichen Verwerfungen. Man muss immer vorbereitet sein, mehrgleisig fahren. Unsere heutige Gesellschaft verändert sich so schnell. Wenn heute noch Industriefeinmetallfräser gesucht werden, können es morgen schon wieder Ärzte sein. Und wer dann nicht vorbereitet ist, also wer in seinen Metallfräse-pausen Kaffee getrunken hat, statt sich mit einem Medizinstu-dium weiterzubilden, der ist dann selber schuld. Der darf sich dann nicht wundern, wenn es im Metallfräser-Business dünner wird und er dann auf einmal dasteht. Dabei ist gerade in der Metallfräserbranche selbst bei anhaltend guter Konjunktur ein zusätzliches Medizinstudium oft sehr sinnvoll. Ist ja schnell mal was passiert. Wer wüsste das besser als die Metallfräser?
Der Berliner zum Beispiel braucht diese Ratschläge der Exper-ten eigentlich nicht. Eigentlich braucht der Berliner gar keine Sätze von anderen. Er weiß längst, dass man immer verschie-dene Eisen im Feuer haben muss. Er hat sogar ein Sprichwort dafür. Der Berliner sagt:
«Warte nie an einer Bushaltestelle, wo nur ein Bus fährt.» Weil,

wenn der dann nicht kommt, dann, ja dann, aber dann ... dann guckste, so wie ich jetzt am Busbahnhof in Lemgo, wo am Sonntagmorgen genau eine Linie fährt bzw. vor gut zehn Minuten hätte fahren sollen. Mit mir drin im Idealfall. Aber der Idealfall ist nicht. Wenn's jetzt wenigstens regnen würde, könnte ich mir zumindest die Haare waschen. Aber nicht mal das. Immer Pech.

Auf der Bank sitzt ein Mann und liest Zeitung. Spreche ihn an:

– Entschuldigung, warten Sie auch auf den Bus?

Er schaut mich an, als hätte ich gefragt, ob ich mich auf seinen Schoß setzen darf. Dann lacht er und geht weg. Mist, wenn ich gewusst hätte, dass er so reagiert, hätte ich ihn eigentlich wirklich fragen können, ob ich mich auf seinen Schoß setzen darf. Wäre vielleicht ganz schön gewesen.

Sehe einen Mann im Informationshäuschen sitzen. Klopfe an die Fensterscheibe. Frage:

– Hallo, wann kommt denn der Bus?

– Welcher Bus?

– Na, um 41 sollte einer fahren. Nach Bad Salzuflen. Jetzt ist es 53.

Er verdreht die Augen, greift zum Telefon, telefoniert, lacht, legt auf, erhebt sich, zieht seine Hose zurecht, geht aus dem Häuschen wortlos an mir vorbei zum Busplan, zückt den Kuli und streicht den 41er-Bus durch. Sagt:

– So, jetzt müssen Se doch wenigstens nicht mehr umsonst warten.

Frage, wann der nächste Bus fährt. Er zeigt auf den Busplan.

Sage: – Da steht nur der 41er.

Er nickt: – Japp.

Frage ihn, ob ich dann stattdessen ein bisschen auf seinem Schoß sitzen darf. Er schaut, als hätte ich gefragt, wann denn der Bus fährt. Willigt aber ein.

Denke, während ich so auf seinem Schoß sitze: Sind wir nicht alle nur Fahrgäste, denen man den Bus gestrichen hat? Ja, das sind wir. Unter anderem.

Ein Wagen hält vor uns. Es ist der Mann mit der Zeitung. Hintendrin drei Kinder. Er sagt:

– Hallo, meine Kinder wollten mir einfach nicht glauben, dass da ein Mann ist, der hier auf einen Bus wartet. Das wollten sie unbedingt selbst mal sehen. Steigen Sie ein, ich fahr Sie.

Auf der Fahrt erzählt er mir, wie er vor rund 30 Jahren genau an der Stelle, eigentlich auf der Durchreise, auch mal auf einen Bus nach Detmold gewartet hat. Kam einfach nicht. Ewig. Irgendwann dachte er sich: Ach Gott, bevor du hier weiter sinnlos rumstehst, kannste in der Zeit, bis dein Bus kommt, ja auch eben schnell ein Haus bauen, Familie gründen, Garten anlegen. Gesagt, getan, so sei er dann in Lemgo sesshaft geworden. Denke: Ganz genau, dieser Mann hat verstanden, was diese Experten meinen. Man muss eben flexibel sein.

Kurz vorm Paradies

Im Lokal. Der Mann am Nebentisch ruft offensichtlich Freunde in seinem Heimatort an. Er brüllt in den Hörer:
– Du glaubst nicht, wo ich bin! Nee, nee, nee, rat mal, rat mal, rat mal, wo ich bin, das glaubste nicht, wo ich bin ... Nee, da kommste nich drauf ... In Berlin!!! bin ich, Berlin!!!, einfach mal hingefahren, mal angucken die Hauptstadt, glaubste nich, was? Ja, morgen fahr ich wieder zurück ...
Seit über zwei Stunden geht das jetzt so. Also, seit zwei Stunden bin ich dabei, weiß der Himmel, seit wann er schon in diesem Lokal sitzt und Freunden daheim am Telefon erzählt, dass er, der verrückte Hund, gerade in Berlin ist. Jaa, das glaubste nicht. Bin mal gespannt, was er morgen daheim erzählt, was er denn so in Berlin gemacht hat.
Vielleicht sollte ich noch erwähnen, dass sich das Lokal, in dem wir beide sitzen, in Dortmund befindet. Warum sitzt ein Mann in Dortmund im Lokal, ruft alle seine Freunde an und behauptet, er sei in Berlin? Bereitet er ein Verbrechen vor und verschafft sich so ein Alibi? Oder hat er sich nur vertan und denkt wirklich, er sei in Berlin? Und warum geht eigentlich sein Akku nicht leer? Oder hab am Ende ich mich vertan, und ich denke irrtümlich, wir sind eigentlich in Dortmund?
Nicht auszuschließen. Aber nein, natürlich bin ich in Dortmund. Hab mich schon oft gefragt, warum ich so gern in Dortmund bin, mich gerade hier so wohl fühle. Dieser Abend, in dieser Kneipe, wird mir darauf einige Antworten geben.
Ein neuer Gast kommt ins Lokal, geht auf den Telefonierer zu, klopft ihm auf die Schulter:
– Hallo, Paul, und? Wo biste heute hingefahren?
– Berlin, ich bin heut nach Berlin gefahren.

– O toll, Berlin, Mensch, komm mal vorbei, wennde wieder da bist.

Der neue Gast geht zur Juke-Box, wirft eine Münze ein, drückt ein paar Tasten, aus der Musikbox ertönt: «Amor, Amor, Amor ...»

Dann geht er zu einem anderen Tisch, wo auch schon seit einigen Stunden eine recht fidele Runde sitzt:

– Hallo, Jungs, und wie is? Wollen wir nochmal?

Alle kichern:

– O nee, komm, das ist doch albern.

– Och bitte, nur einmal,

– nee, lass mal,

– bitte,

– also gut.

Er setzt sich zu ihnen, kurz vor dem nächsten Refrain werden alle ganz still, gucken sich an, dann, beim einsetzenden Refrain, fassen sich plötzlich alle gegenseitig an den Ohrläppchen und singen laut: «Am Ohr! Am Ohr! Am Ohr!» Dann rutschen sie vor Lachen fast von ihren Stühlen.

Muss zugeben, die anderen hatten recht, das ist schon ziemlich albern. Aber ich find's großartig. Bestimmt haben sie dieses Ritual schon seit Jahren. Und jedes Mal ist es wieder lustig. Ich kenn so was. Ich mache so was manchmal mit meinem Kioskbesitzer. Also, ich kaufe eine Zeitung, gehe kurz raus, komme dann wieder in den Kiosk, sage: – Hab grad in die Zeitung reingeguckt, Mensch, die ist ja wieder super, mach mir gleich noch 'ne zweite fertig. Dämlich, aber wir finden's immer wieder lustig.

Plötzlich springt Paul auf.

– Wie spät ist das? Der Zug? Ich hab meinen Zug zurück von Berlin verpasst! Ich muss doch nach Hause, wie komm ich denn jetzt nach Hause?

Ein anderer Gast kommt zu ihm.

– Keine Angst, Paul, ich bring dich.

Die beiden gehen raus.

Ein Freund erzählte mir, sein Vater habe auch sein Leben lang immer die gleichen Witze erzählt. Wenn zum Beispiel mal jemand aus seinem Bekanntenkreis gestorben war und er gefragt wurde, ob er denn zur Beerdigung gehe, war die Antwort immer:

– Ach nee, der kommt ja zu meiner auch nicht.

Dieser und noch zwei, drei andere Witze reichten dem Vater fürs Leben. Mehr braucht man ja eigentlich auch nicht.

Die Tür geht auf. Der Gast und Paul kommen zurück. Der Nach-Hause-Bringer brüllt:

– Guck mal, wer wieder da ist.

Alle begrüßen Paul.

– Mensch Paul, da biste ja wieder! Und? Wie war's in Berlin?

– Ach groß, groß ist das da, und was da los ist, obwohl, wenn man's genau nimmt, so viel anders als hier ist das da auch nicht.

Ich zahle. Beim Rausgehen krame ich noch einen alten BVG-Fahrschein aus der Tasche und drücke ihn Paul in die Hand. Als kleine Reiseerinnerung.

Hoffnung für alle

Am Hauptbahnhof in Berlin. Im Eingangsbereich auf der Reichstagsseite treffe ich Holger. Wie alle anderen starrt auch er auf die große Anzeigetafel mit den abfahrenden Zügen: – Zug fährt nicht – fällt aus – fällt aus – fährt nicht ... es ist Streik.

Holger erzählt, er habe eine Praxis gegründet. Eine Praxis zum Warzenbesprechen. Sage Holger, ich hätte gar nicht gewusst, dass er von so was Ahnung hat. Holger sagt, er hat auch keine Ahnung, aber das sei nebensächlich. Wichtig bei so was sei, dass man seriös sei.

Gut. Frage Holger, wie denn jemand, der vom Warzenbesprechen keine Ahnung hat, eine seriöse Warzenbesprechungspraxis aufmachen kann.

Holger triumphiert: Weil er eine 100-prozentige Bei-Nicht-erfolg-Geld-zurück-Garantie anbietet.

Fasse mein eigenes fragendes Gesicht in einem wohlüberlegten «Ach» zusammen.

Holger erklärt:

– Weißt du, Horst, rund die Hälfte aller Warzen verschwindet von selbst wieder. Wenn jemand mit einer Warze zu mir kommt, bespreche ich diese Warze, und wenn die Warze nicht innerhalb von sechs Monaten verschwindet, gebe ich ihm einfach das Geld wieder zurück. Ohne Tricks oder Komplikationen. Geld zurück – fertig. Wenn jedoch die Warze verschwindet, kann ich schön das Geld behalten. Verstehst du? Da ich, soweit ich weiß, der einzige Warzenbesprecher mit so einer Geld-zurück-Garantie bin, werden mir die Leute die Bude einrennen. Das Arbeitsamt jedenfalls findet die Geschäftsidee gut, die wollen die Praxis fördern.

– Holger, bist du dir wirklich ganz sicher, dass das nicht doch Betrug ist?

– Ja, dachte ich erst auch. Aber mittlerweile finde ich das eigentlich nicht mehr. Immerhin bekommen die Menschen ja etwas für ihr Geld.

– Eine Warzenbesprechungsshow, oder was?

– Auch. Natürlich. Du kannst sicher sein, ich werd mir da schon ein bisschen was Schickes einfallen lassen. Aber noch viel wertvoller: Sie bekommen Hoffnung. Und wenn die Hoffnung sich nicht erfüllt, kriegen sie sogar ihr Geld zurück. Ohne Zicken. Also, seriöser kann ein Geschäft doch wohl nicht sein. Da könnten sich die meisten Banken mit ihren obskuren und windigen Altersvorsorgeangeboten mal 'ne Scheibe von abschneiden.

Aufgeregt beginnt Holger auf und ab zu wippen. Versuche Kontakt zu halten, indem ich mitwippe. Kurz bevor mir schwindelig wird, schaue ich aber doch lieber wieder auf die große Tafel.

Ein Mann kommt angerannt, er scheint besonders verzweifelt. Murmelt ununterbrochen: – Bitte, bitte, bitte … vor sich hin. Hektisch rasen seine Augen über die Anzeigetafel. Plötzlich: – Ah, nach Elsterwerda – fällt aus. Aufgeregt greift er sein Handy, tippt eine Nummer: – Ja, bin hier am Hauptbahnhof, der Zug fällt aus, ja, da kann man nichts machen, ja ja, sehr ärgerlich, ich meld mich dann, nee, so eine Sauerei …

Dann legt er auf, reißt seine Arme hoch, jubelt und geht fröhlich pfeifend in Richtung Café.

Später am Abend wird sich ein Wirtschaftsexperte auf n-tv wundern, dass trotz mittlerweile mehrfachen Streiks und erheblicher Einschränkungen immer noch eine klare Mehrheit der Bevölkerung großes Verständnis und Sympathie für die Forderungen der Lokführer hat.

Frage Holger, wohin er reisen will. Holger sagt, nirgendwohin, er sei nur gerade in der Nähe gewesen und habe Durst gehabt. Schlage vor, in ein Café zu gehen. Holger wehrt ab:

– Nein, nein, seit die Bahn bei verspäteten Zügen auf dem Gleis Freigetränke anbietet, gucke ich einfach, wenn ich am Bahnhof bin, welcher Zug gerade verspätet ankommt, gehe schnell zum Gleis hoch und nehme mir auf dem Bahnsteig vom gratis angebotenen Orangensaft, Wasser oder Kaffee. Das klappt eigentlich immer ganz gut. Nur manchmal muss ich ein wenig warten, bis endlich ein Zug ausreichend Verspätung für Freigetränke hat. Aber das ist dann schon ungewöhnlich. Irgendein Zug hat normalerweise immer Verspätung. Da ist die Bahn verlässlich.

Ein Fernsehteam spricht uns an. Fragt, ob wir wütend auf die Bahn und den Streik sind. Ich sage lächelnd:

– Nö, eigentlich …

Das Fernsehteam geht weiter.

Zehn Meter entfernt finden sie jemanden mit mehr Pöbelpotenzial.

– 30 Prozent, brüllt er in die Kamera, ich hätte auch gern 30 Prozent! 30 Prozent!!!

Das Fernsehteam lobt den Mann für seine Authentizität, gibt aber zu bedenken, dass es sogar 31 Prozent sind. In einem kurzen Gespräch entschließt man sich, das Ganze nochmal mit 31 Prozent zu machen. Diesmal wird es sogar noch authentischer.

Holger geht zum Fernsehteam und erklärt sich bereit, Bahnchef Mehdorn zu beschimpfen. Auch gerne ganz wüst und obszön. Der Interviewer winkt ab. Obszöne Mehdorn-Beschimpfungen haben sie schon genug. Die kriegt man ja an jeder Ecke. Aber wenn er was zu Gewerkschaftschef Schell, also zum Beispiel zu dessen Kur oder so, hätte …

Für Holger kein Problem. Er hebt an:

– Jaja, einfach während des Streiks in Kur gehen, so sind se, das können se, andere können so was nicht, aber die, die können das! Ist doch 'ne Unverschämtheit! Aber was jetzt wirklich jeder kann, ist, sich Warzen wegbesprechen lassen. Einfach www.warze-weg.de, mit voller Geld-zurück-Garantie.

Dabei hält er fröhlich irgendwelche Flyer in die Kamera. Später, nachdem wir uns unsere Freigetränke vom verspäteten Zug aus Stuttgart geholt haben, beginnt Holger zu träumen:

– Ich hab mir überlegt, Horst, wenn diese Sache mit dem Warzenbesprechen erst einmal gut angelaufen ist, dann biete ich diesen Service auch für andere Dinge an. Also zum Beispiel für Angst oder Schulden oder so komische Geräusche im Auto und so. Das Prinzip ist ja praktisch immer das Gleiche.

Dann kommt er wieder ins Wippen. Sein großes, hoffnungsfrohes Wippen. So aufgeregt und zuversichtlich habe ich ihn tatsächlich nicht mehr gesehen, seit er vor langer Zeit diese Schule für Regentänzer gegründet hatte.

Bergparade

In Chemnitz ist Bergparade. Der gigantische traditionelle Erz-
gebirge-Adventsumzug. So was hab ich noch nie gesehen. Aus
dem ganzen Erzgebirge sind alle, aber auch wirklich alle Trach-
ten- und Traditionsgruppen gekommen. Ich meine, das müssen alle sein. Ich hätte nie gedacht, dass das Erzgebirge so groß
ist, und vor allem nicht, dass da so viele Menschen leben. Das
Ganze ist ein bisschen wie Karneval. Nur ernsthafter, sehr viel
ernsthafter. Mit bitteren, vorwurfsvollen Mienen schreitet der
Erzgebirgetraditionsverein Frohsinn Rodewisch an mir vorbei.
So, als wollten sie sagen: «So. Da stehst du jetzt also und er-
freust dich an unseren prachtvollen Uniformen. Kannst dich
gar nicht sattsehen an all dieser schmucken Kultur. Aber sei
ehrlich, was tust du für diese Kultur? Wann hast du zuletzt ans
Erzgebirge gedacht?» Und ich fühle mich ertappt. Tatsächlich
hab ich überhaupt gar nicht, also nie im letzten Jahr ans Erzgebirge gedacht. Nach diesem Umzug jedoch werde ich nun
wohl in den nächsten Wochen häufiger vom Erzgebirge träumen. Zum Beispiel von der Holzschnitzergruppe aus Zscho-
pau, die jetzt vorbeikommt. Vielen fehlen ein oder zwei Finger.
Einem sogar ein ganzer Arm. Ja, nicht jeder Holzschnitzer ist
geschickt. Da sieht man mal, wie viel Leid und Blut an diesen
Erzgebirgefiguren klebt. Kinder sind bei den Holzschnitzern
nicht dabei. Klar, irgendwer muss ja schließlich zu Hause die
neuen Figuren schnitzen. Immerhin ist Saison.
Ein Fernsehteam sucht verzweifelt nach einem Chemnitzer.
Irgendeinem. Wie es aussieht, ist keiner da. Später erfahre
ich, dass die Chemnitzer selbst diese Parade eher meiden. Im
Großen und Ganzen ist sie eigentlich nur für Touristen und
Erzgebirgler. In früheren Zeiten, heißt es, wurden nach der
Parade immer einige Chemnitzer vermisst. Ältere Chemnitzer

behaupten, sie dann später in einigen Holzfigürchen aus dem Erzgebirge wiedererkannt zu haben. Wie sie dann förmlich aus den Figuren herausgeschrien hätten. Aber das sind so diese alten Gruselgeschichten, wie man sie sich eben übers Erzgebirge erzählt. Man sollte das nicht auch noch immer weiterverbreiten.

Trotzdem gehen seit einigen Jahren praktisch keine Chemnitzer mehr auf diese Parade. Stattdessen kommen die Touristen. Touristen von überall her. Amerikaner, Schweizer, Osteuropäer, auch sehr viele Japaner. Extrem viele Japaner.

Begeistert stehen sie vor den Ständen mit den Schnitzereien. Diese Figuren haben aber auch was. Unheimlich, klar. Aber auch irgendwie schön.

Vor einigen Jahren sind die Holzschnitzerkunst und die Erzgebirgeparade in eine tiefe Krise geraten. Keiner weiß, warum. Als die Chemnitzer nicht mehr kamen, gab es auch kaum mehr neue Figuren. Aber jetzt, mit den Touristen, ist alles wieder gut.

Dann komme ich zum Stand mit den neueren Schnitzereien. Auch schön. Aber irgendwas ist anders.

Ein altes Muttchen kommt vom Stand:

– Kommen Sie, kommen Sie! Kommen Sie heran! Sie haben so ein schönes Gesicht. Möchten Sie einen starken Glühwein?

Ich will ihr gerade in den Bauwagen folgen, als mich plötzlich jemand an der Schulter packt und zurückreißt. Er greift meine Hand und zieht mich, so schnell er kann, mehrere hundert Meter von den Ständen weg. Dann nickt er freundlich und verschwindet schnell wieder unter den anderen Passanten. Ganz sicher bin ich mir nicht, aber vielleicht war er doch einer der ganz, ganz wenigen Chemnitzer auf dieser Bergparade.

Wie mir die katholische Kirche
einmal wirklich geholfen hat

Donnerstagmorgen. Sitze in meiner Wohnung und beobachte die Regalruine an und vor der Wand. Wollte das Regal eigentlich in die Wand schrauben. Hatte alles sorgsam und seriös vorbereitet. Ausgemessen, angezeichnet, gebohrt, alles perfekt. Aber dann ... passte irgendwie nicht. Jetzt liegen die Brocken da. Seit Tagen. Warum?

Nach all meinen Überlegungen bleibt eigentlich nur eine wirklich logische Erklärung. Praktisch genau in der Zeit zwischen dem Ausmessen und dem Bohren muss sich unsere eurasische Kontinentalplatte plötzlich so ein paar Zentimeter abgesenkt haben. Und zwar so linkslastig. Nur so kann es gewesen sein. Jetzt liegen die Brocken da. Samt der seltsam sinnlosen Löcher in der Wand. Wollte das Vermessungsproblem zuerst beheben, indem ich einfach die Löcher durch so quirlartig kreisende Bewegungen größer gebohrt habe. Das hat geklappt. Wurden echt schöne runde, kraterartige Löcher. Leider haben dann die Dübel nicht mehr wirklich gehalten, also gar nicht, weshalb das Regal bei der ersten Belastung runtergekracht ist. Wobei, Belastung ist fast übertrieben. Eigentlich habe ich nur einen Tischtennisball aufs Regalbrett gelegt, um zu gucken, ob es auch gerade ist.

Seitdem liegen die Brocken da, und ich sitze jeden Tag mehrere Stunden davor, beobachte sie und denke nach. Wenn ich zwischendrin wenigstens mal aus dem Fenster gucken würde. Aber das macht es auch nicht besser, denn die Fenster sind dreckig. Total dreckig. Könnte die Fenster natürlich putzen. Klar, das wäre kein Problem, aber ich traue mich nicht. Also aus religiösen Gründen. Weil ich niemandes Gefühle verletzen möchte. Wer weiß, womöglich ist grad heut zum Beispiel

irgendein islamischer Feiertag. Ich putze die Fenster, ein Isla-
mist kommt vorbei, sieht mich die Fenster putzen, ist in seinen
religiösen Gefühlen verletzt und zack, verbrennen in irgendwelchen islamischen Ländern Puppen von mir beim Fenster-
putzen. Kennt man ja. Wie schnell ist das passiert. Das will ich
nicht. Mal abgesehen von den klimaschädlichen Folgen, wenn
ich schon in islamischen Ländern als Puppe verbrannt werde,
dann bitte nicht als Fensterputzpuppe. Ich weiß nicht genau
warum, aber wäre mir wirklich unangenehm. Nee, nee, nee, da
mach ich mal lieber nix. Das sind die sauberen Fenster doch
nun nicht wert.

Damals, während des Karikaturenstreits musste ich sogar
schon wegen der Islamisten das Joggen aufgeben. Aus Angst,
aus den Schweißflecken auf meinem T-Shirt hätte sich das
Gesicht Mohammeds abzeichnen können. Und dann ... als
Schweißfleckenpuppe verbrannt zu werden, ist auch nicht sehr
würdevoll. Ist mir damals sehr schwergefallen, das Joggen ein
für alle Mal aufgeben zu müssen. Immerhin war ich ja grad erst
mal so alles in allem 50 Meter weit gekommen.

Grundsätzlich ist das alles natürlich meine Schuld, gar keine
Frage. Es ist wegen meiner Unwissenheit. Ich weiß einfach
noch viel zu wenig vom Islam an sich. Das lähmt und ver-
unsichert mich völlig. Aber nicht nur mich.

Mein Onkel sagte kürzlich auf einer Familienfeier den großen
Satz: Er persönlich habe ja gar nichts gegen die Islamisten und
diesen ganzen Islam, nur das mit dieser Religion fände er nicht
gut. Wobei, diesen Satz hat er früher auch ganz genau so über
die katholische Kirche gesagt. Mein Onkel ist, genauso wie ich,
in einer sehr protestantischen Gegend aufgewachsen. Das, was
heute der Islam ist, war bei uns früher mehr oder weniger die
katholische Kirche. Also vom Orthodoxen her. Seltsam fanden
wir das auch, dieses Katholische. Wir hamm das nicht verstanden. Was die wollten, deren Ansichten. Es hat uns einfach

nur irritiert. Doch wir haben das in den Griff bekommen. Und nun, wo der Islamismus das Irritieren übernommen hat, fliegen der katholischen Kirche sogar Sympathien zu. Vor allem dem Papst. Der war ja, als er noch Ratzinger war, nun wahrlich nicht gerade so die Sympathie- und Karmaschleuder. Doch dann hieß es auf einmal, der Papst ist bunt, ein Star, alle mögen ihn, übrigens sogar die Türken, obwohl die haben ja auch einen ähnlichen Kleidergeschmack, und die katholische Kirche hat immer häufiger kurze heftige Anfälle von Weltoffenheit. In Afrika und Asien wollen sie Familienplanung, also Kondome, erlauben, anderswo denken sie über weibliche Priester nach, und irgendwann kam sogar die Meldung, es gäbe Pläne, das Zölibat zu lockern. Abgesehen davon, dass ich es eine interessante Frage finde, wie man denn ein Zölibat «lockert», hat ein mir persönlich gut bekannter katholischer Pfarrer aus der weiteren Umgebung von Osnabrück zu dieser Problematik wortwörtlich gesagt: «Mir egal, für mich ändert sich dadurch nichts!», und wie man hört, sehen seine Söhne das eigentlich ganz genauso ...

Also gut, das mit den Söhnen war jetzt natürlich ein blöder Witz, aber er kommt vom Pfarrer selbst. Dennoch, das zumindest muss man der katholischen Kirche lassen. Bei denen, die so richtig fest dazugehören, gab und gibt es immer bei allem, auch bei den allerstrengsten und wichtigsten Regeln, so einen gewissen Gestaltungsspielraum. Jedoch eben inoffiziell. Wenn die Kirche nun jedoch ganz offiziell anfängt, ihre Ansichten am tatsächlichen Leben der Katholiken auszurichten, ist sie dann überhaupt noch die katholische Kirche? Ich meine, immerhin ist Weltfremdheit doch auch eine Form von Stärke.

Beschließe, dass es so nicht weitergehen kann. Sollte nicht länger auf die Regalruine an und vor der Wand starren. Wenn mich das zu dem Schluss bringt: Weltfremdheit ist eine Form von Stärke, dann muss ich doch einräumen, diese Regalruine

hat keinen guten Einfluss auf mich und auch nicht aufs Woh-
nungskarma.

Werde alles rückgängig machen. Werde das ganze Regal wieder
wegräumen, die Bohrlöcher vergipsen, die Wand neu streichen
und meine Beobachtungsstation vor der Wand auflösen. Und
dann gehe ich raus, in den Frühling, setze mich auf eine Park-
bank und döse da vor mich hin. Einfach nur so. Vielleicht ist
dieses Dösen unterm Strich nicht so viel anders als das Re-
galruinendösen. Aber immerhin döse ich dort dann als Teil der
Gemeinschaft. Und jeder kann daran teilhaben. Vielleicht werden Kinder ihre Eltern fragen: – Was macht der Mann da?, und
sie bekommen zur Antwort: – Der döst. Und das Kind mag
sich denken, wenn ich groß bin, dann will ich auch mal dösen.
Dösen für alle. Es gibt schlechtere gesellschaftliche Aufgaben
oder Rollen als das öffentliche Show-Dösen. Ich bin damit
zufrieden, und ohne die katholische Kirche und ihre Stärke
durch Weltfremdheit wäre ich vermutlich niemals zu dieser
Erkenntnis gelangt.

DREI

... dem Warum

Bursitis

Schulter ist kaputt. Einfach so. Morgens. Aufgewacht. Schulter kaputt. Noch so gedacht: Mann, irgendwas ist aber auch immer.

Schnell geguckt, ob der Rest vom Körper noch okay ist. Ja, schon, obwohl, fühlt sich irgendwie ungewohnt an. Vorsichtshalber in Spiegel geguckt:

Nee ...

Fotos angeguckt. Zum Vergleich.

Nee, nee, nee, das ist nicht mein Körper. Die hamm da irgendwas gemacht. Wahrscheinlich ausgetauscht. Im Schlaf. Diese Schweine. Wahrscheinlich vergnügt sich jetzt irgendwo irgendein Playboy mit meinem tadellosen Körper, und ich kann mich hier mit seinem abgehalfterten, verbrauchten Muskel- und Fettgewebe rumschlagen. Im Schlaf ausgetauscht. Die schrecken heute vor nichts mehr zurück. Und dann hat er sich auch noch die Schulter kaputt gemacht. Wie ist das denn bloß passiert? Wahrscheinlich beim Segeln. Auf seiner Yacht bestimmt. Dieser Arsch mit seiner doofen Yacht. Wollte wahrscheinlich das Luvsegel eintreggeln oder so. Und dann: zack! Kennt man ja. Zu doof zum Luvsegel-Eintreggeln, dieser alternde Playboyidiot. Und dann nicht mal dazu stehn, sondern einfach die Körper austauschen. Nee, so 'ne Sauerei. Was ist das nur für 'ne Welt geworden? Aber darf mich jetzt nicht verkriechen. Muss mit jemandem über alles reden.

Bei Nachbarin geklingelt. Ihr alles, alles erzählt. Sie hat Zweifel. Zeige ihr zum Beweis die Fotos. Sie sagt, die Fotos sind aus meiner Schulzeit. Das mit dem Körper austauschen, das könnte schon so gewesen sein, aber wahrscheinlich schon vor vielen, vielen Jahren ... Na super, und wie erklärt sie dann das mit der Schulter? Ihre Theorie hat Lücken. Sage ihr das direkt ins Gesicht. Sie sagt auf einmal, sie hätte noch viel zu tun, und schickt mich weg. Na, hab ich ja wohl einen wunden Punkt bei ihr erwischt. Steckt sie etwa mit diesem Playboyidioten unter einer Decke? Kann ich mir eigentlich nicht vorstellen. Andererseits: Hat sie nicht immer im Treppenhaus gefragt, wie es mir so geht? Wie ich mich fühle? Warum wollte sie das wissen? Hat sie Informationen über meinen Körper gesammelt? Für diesen Playboyidioten? Sollte in Zukunft mit ihr vorsichtiger sein.

Beschließe, mich erst mal wieder schlafen zu legen. Vielleicht tauscht der Playboyidiot ja wieder zurück. So doll war mein alter Körper ja nun auch wieder nicht.

Am Nachmittag alles noch viel schlimmer. Kein Rücktausch gewesen. Also zur Ärztin. Ärztin sagt:

– Oh, oh, wie ist das denn passiert?

Sage: – Wahrscheinlich beim Segeln, wohl beim Luvsegel-Eintreggeln oder so.

Sie guckt komisch, schickt mich dann zum Spezialisten. Spezialist sagt: – Ohohohohoh, schickt mich zum Oberspezialisten. Oberspezialist sagt: – Ooohohoh ... ohohohoh ... Werde langsam ein bisschen stolz.

Oberspezialist schickt mich zum Ober-ober-spezialsuper-duper-Schulterspezialisten. Super-duper-Schulterspezialist sagt: – Langweilig. Ne normale Bursitis-Erkrankung. Ich soll mir bloß nichts drauf einbilden.

Diese Mediziner mit ihrem Latein-Gewäsch. Frage ihn, ob es nicht auch einen ordentlichen deutschen Namen für meine Schulterkrankheit gibt. Er sagt, klar:

– Kalkablagerung und akute Schleimbeutelentzündung. Frage nochmal nach dem lateinischen Namen. Werde ihn mir gut einprägen. Sollen doch andere Kalk in der Schulter haben und sich den Schleimbeutel entzünden. Ich hab Bursitis, aber hallo!

Warum gibt es für Erwachsene und Alte keine schönen Namen für ihre Krankheiten? Kinderkrankheiten haben oft so hübsche Namen. Masern, Mumps, Scharlach. Das hat Klang, das hat Rhythmus. Von solchen Krankheiten erzählt man gerne. Aber Kalk, Schleimbeutelentzündung, wer will denn so was? Schultermumps, das wär okay. Ich glaub, ich hab Schultermumps.

Dann gibt er mir Schmerzmittel. Superschmerzmittel! Stelle schon nach kurzer Zeit fest, wie phantastisch Schmerzmittel sein können. Spüre gar nichts mehr. Keine Schmerzen, und auch sonst: nichts. Kann stundenlang fernsehgucken, alle Programme. Ich merk nichts. Kann hin- und herschalten, wie ich will. Nix.

Allerdings sollen sie Nebenwirkungen haben: extreme Müdigkeit, totale Lustlosigkeit, Wahnvorstellungen und Paranoia. Müdigkeit und Lustlosigkeit stimmen schon. Kürzlich beim Wassertrinken plötzlich mitten im Trinken einfach keine Lust mehr gehabt. Keine Lust weiterzutrinken, aber zu müde gewesen, um Glas abzusetzen. Einfach alles weiter durchs Gesicht und über Oberkörper geschüttet. Hinterher zu müde zum Umziehen. Vier Stunden still gesessen, dann vom Trockenwerden erschöpft, eingeschlafen. Kaum mehr Lust ganze Sätze. Für Verben zu müde. Objekt? Selten. Aber keine Schmerzen. Ich merk nix.

Und auch keine Wahnvorstellungen und Paranoia. Gott sei

Dank. Wär ja auch schlimm, gerade jetzt, wo ich so vor meiner Nachbarin auf der Hut sein muss. Und dazu noch diese ganze Verschwörung mit dem Playboyidioten und dem Körpertausch. Wenn ich auch noch Wahnvorstellungen hätte ... Aber ich merk nix, gar nix ...

Ralle

Es gibt Menschen, mit denen ist man fast sein ganzes Leben lang befreundet, ohne eigentlich genau zu wissen, warum. Ralle ist so jemand. Irgendwas an Ralle hat mich immer fasziniert. Wobei ich nicht wirklich wusste, was es war oder wie es sich äußerte, aber irgendwas war da.

Ralle heißt eigentlich Ralf, woran er sich aber vermutlich selbst schon nicht mehr erinnert. Als ich ihn kennenlernte, waren wir beide fünf Jahre alt. Damals hieß er schon Ralle und das schon seit vielen, vielen Jahren. Immerhin hat Ralle Umgangsformen. Wenn er mich zum Beispiel mal für eine Woche besuchen kommt, kündigt er das immer vorher an. Also jetzt nicht so ewig vorher, aber er kündigt es an. Also im Regelfall doch spätestens in dem Moment, wo er unten im Haus angekommen ist, indem er nochmal schnell von unten durchs Treppenhaus ruft:

– Hallo Ho-orst, ich komm dich besuchen! Für eine Woche! Juhu!

So bleibt mir immerhin noch fast eine Minute Vorfreude, ehe er in die Wohnung schlurft, in den Sessel fällt und da dann eine Woche liegen bleibt. Ralle hat jetzt nicht in dem Sinne so sehr viele Interessen. Und Hummeln im Hintern hat er auch nicht gerade. Eher Schildkröten. Ralle hat ziemlich große, schwere Schildkröten im Hintern.

Wobei es eigentlich überhaupt nicht das Schlimmste ist, wenn er einfach nur so rumliegt. Als er bei seinem letzten Besuch plötzlich begann, die Elektrik in der Küche zu kritisieren, und laut darüber nachdachte, diese mal neu und besser zu verlegen, da wurde ich wirklich unruhig.

Zwar hatte es für das letzte Haus, in dem Ralle die Elektrik neu verlegt hatte, am Ende doch noch fast 80000 Euro von

der Versicherung gegeben, und dazu war natürlich die Wahrscheinlichkeit, dass er tatsächlich die Energie aufbringen
würde, sich zu erheben und zumindest mal ein paar Steck-
dosen abzuschrauben, relativ gering, aber dennoch hielt ich es
für klüger, eventuell vorhandene, plötzlich auftretende Ener-
gieressourcen bei Ralle lieber woanders als in meiner Küche
abbrennen zu lassen. Also zog ich mit Ralle los.

Nach einem langen Streifzug kreuz und quer durch Berlin kamen wir irgendwann spätnachts gegen drei auf dem
Alexanderplatz an und begannen zu diskutieren, wie viel Miete
wohl die Wohnungen direkt neben dem Rathaus, gegenüber
dem Fernsehturm kosten würden. Eine Einigung schien aus-
geschlossen. Plötzlich jedoch hatte Ralle eine, nennen wir es
mal, Idee.

– Weißte was, Horst? Wir klingeln einfach und fragen. Die
müssen das ja wissen.

– Was? Ralle, es ist drei Uhr nachts!

– Na und! Is doch super. Dann ist wenigstens einer zu Hause.

Ralle musste total lange klingeln, bei unzähligen Wohnungen,
bis man endlich durch die Gegensprechanlage ein verschlafe-
nes weibliches: – Ja? hörte.

– Ja, wir gehen hier grad die Straße lang und hatten uns gefragt,
was Sie hier wohl an Miete zahlen?

– Was?

– Wie hoch Ihre Miete ist?

– Arschloch!

– Ey, ich hab doch nur 'ne Frage gestellt, meine Fresse.

– Arschloch!!

– Das ist doch keine Antwort!

– Arschloch!!!

– Kannst du keine andern Schimpfwörter?

– Riesenarschloch!!!!!!

Eine Viertelstunde dauerte das Geschrei zwischen Ralle und

Gegensprechanlage. Ich war zwischenzeitlich ein wenig auf Abstand gegangen, auch um der ja vermutlich in Kürze anrückenden Polizei aus dem Weg zu gehen. Bis nach eben einer Viertelstunde Ralle plötzlich auf mich zukam:

– Alles klar. Sie fragt, ob wir nicht noch auf ein Bier zu ihr hochkommen wollen.

In diesem Moment wurde mir plötzlich klar, was mich eigentlich immer so an Ralle fasziniert hatte.

Jan

Donnerstagvormittag. Jan ist zu Besuch. Zum Frühstück. Das ist sehr ungewöhnlich. Denn eigentlich besucht Jan niemanden mehr.

Schon seit einiger Zeit hat Jan Angst vor Menschen. Große Angst. Aus gutem Grund.

Denn Jan kennt sich mit Computern aus. Ziemlich gut sogar. Tatsächlich ist es sein Beruf. Und alle seine Freunde und Bekannten wissen das. Aber nicht nur die. Auch die Bekannten der Bekannten von entfernten Bekannten dieser Freunde und Bekannten wissen: Jan kennt sich ziemlich gut mit Computern aus. Deshalb hat Jan heute Angst vor Menschen.

Sobald er irgendwo auftaucht, bildet sich in Windeseile eine Traube um ihn, und alle, alle haben schlimme Fragen.

Insofern fühle ich mich von seinem Besuch durchaus geehrt. War eigentlich völlig unkompliziert. Eine einfache eidesstattliche Erklärung, dass ich zur Zeit keinerlei Computerprobleme habe, natürlich notariell beglaubigt und durch Amtsboten zugestellt, reichte, und zack!, schon hat er zugesagt.

Natürlich habe ich versucht, ihm zu erklären, so schlimm sei das doch nun auch wieder nicht. Die paar Fragen. Er solle sich nicht so anstellen. Aber Jan schüttelt nur den Kopf.

– Horst, bitte. Wo *immer* ich hingehe, nach fünf Minuten kommen die Menschen mit ihren Computerproblemen an. Immer. Vor einem halben Jahr wäre ich fast an einer Blinddarmentzündung gestorben. Zuerst war in der Notaufnahme noch alles gut. «Schlimmer Blinddarm! Ohohoh, sofort operieren, riesige Schmerzen. Aua, aua, aua!!!» Es war wunderbar. Aber dann fragt mich der Aufnahmearzt nach meinem Beruf. Ab da hat sich niemand mehr für meinen Blinddarm interessiert. Die Ärzte und Schwestern wollten mit mir nur noch über irgendwelche Installationsprobleme reden. Der Anästhesist wollte mich nicht betäuben, weil er noch einige Fragen hatte, und noch auf dem Operationstisch fragte mich der Chirurg, wie er denn ganz legal und für umsonst die neueste Staffel von «Grey's Anatomie» aus dem Internet saugen könne.

Ich stutze.

– Wie, das geht?

– Ja, das geht.

– Ganz legal?

– Mehr oder weniger, sozusagen, quasi beinahe fast ganz legal.

– Ach. Na ja, mir wär das ja nix mit diesem ganzen Filmesaugen und so, aber nur mal zur Sicherheit, also damit ich es nicht versehentlich mache: Wie genau geht das denn?

– Horst, du würdest es nicht verstehen.

Na super. Ganz toll. Obwohl, recht hat er wahrscheinlich. Mein Problem zur Zeit ist ohnehin mehr, dass ich vor kurzem und unabsichtlich ein neues Virenschutzprogramm installiert habe, durch welches ich jetzt gut die Hälfte meiner Software irgendwie nicht mehr nutzen kann, weshalb ich Jan ja auch eigentlich zum Frühstück eingeladen habe, was mir im Moment aber schwerfällt anzusprechen, allein auch schon wegen dieser blöden eidesstattlichen Erklärung. Versuche es lieber unverfänglich.

– Mensch, Jan, was ist denn so schlimm daran, wenn dir mal einer eine Frage zu Computern stellt?

– Mal eine Frage? Alle haben immer Fragen. Tausende Fragen. Ich habe oft das Gefühl, ich werde nur noch deshalb eingeladen. Manchmal fühl ich mich regelrecht ausgenutzt.

– Nein ... nein, das glaub ich nicht. Wer würde denn so was tun?

– Aber wenn's nur eine klare Frage wäre. Es ist ja immer ein Wust. Und die Antworten kapieren sie sowieso nicht. Dabei ist es eigentlich überhaupt nicht ... Gut, Horst, stell du dir doch mal vor, du würdest dich gut mit Computern auskennen.

Ich muss lachen.

– Super, und wenn ich damit fertig bin, stell ich mir auch noch gleich mal vor, ich hätte langes, lockiges Haar.

– Gutgutgut, dann stell dir eben einfach mal vor, du wärst Experte für Wasserhähne.

– Für was?

– Wasserhähne. Kennst du dich total gut mit aus. Der Umgang mit Wasserhähnen ist für dich vollkommen simpel.

– Ja, ist er ja doch auch, eigentlich. Oder?

– Doch, doch. Aber fast alle anderen haben keine Ahnung von Wasserhähnen. Alle haben Wasserhähne zu Hause, finden es toll, wie da das Wasser rauskommt, haben aber keine Ahnung, wie das alles genau funktioniert. Die verschiedenen Anwendungsbereiche: Waschen, Kochen, Trinken, Blumengießen. Finden sie alles super, wollen das alles auch, aber begreifen zum Beispiel einfach nicht, wie sie das Wasser vom Wasserhahn in ein Glas kriegen. Also erklärst du: Wasserhahn auf, Glas drunter und so weiter ... Aber die hören nicht einfach nur ruhig zu. Sondern werden wütend: Jaja, das wissen sie alles, aber mit ihrem Glas funktioniert das einfach nicht, und das, obwohl sie alles so machen, wie in der Anleitung beschrieben, aber ihr Glas geht einfach nicht. Ihr Glas geht nie. Man hat ihnen da aber auch wahrscheinlich das falsche Glas gegeben. Warum gibt es überhaupt unterschiedliche Gläser? Kann man das nicht einheitlich machen? Das ist doch Absicht!!!

Und nachdem du mit diesen aufgebrachten, immer lauter werdenden Menschen eine Dreiviertelstunde alles durchgegangen bist, alles mehrfach erklärt und verzweifelt nach Fehlerursachen geforscht hast, stellt ihr irgendwann zusammen fest, dass man ja die Öffnung des Glases nach oben halten muss. Nicht der Boden, die Öffnung muss unter den Wasserstrahl. Und statt

Freude oder Dank erntest du nur noch mehr Wut: Das mit der Öffnung muss einem doch gesagt werden. Keiner sagt einem das. Und überhaupt dieser ganze Wasserhahnscheiß, der geht ihnen sowieso dermaßen was von auf die Nerven. Alles geht nur noch mit Wasserhähnen. Überall Wasserhähne! Nix als Wasserhähne. Früher, ohne diese Wasserhähne, ging's doch auch! Eigentlich sogar besser!!!

Und solche Gespräche erlebst du dann nicht nur einmal, sondern 10-, 15-, 20-mal am Abend.

Unter Tränen sackt Jan in sich zusammen. Gott, ich hatte ja keine Ahnung. Es muss furchtbar sein, sich mit Computern auszukennen. Er tut mir aufrichtig leid. Sein ganzes Leben hat er sich mit diesem Computerwissen verpfuscht.

– Duu, Jan, sage ich.

– Mmmmh.

– Duuu, Jan. Jetzt mal angenommen. Ich hätte an meinem Wasserhahn ein Virenschutzprogramm installiert ...

Seit diesem Tag hat Jan nicht mehr mit mir gesprochen.

Auge um Auge

Samstagnachmittag. Sitze in der Küche und trinke Kaffee. Also, nicht wirklich, denn der Kaffee ist aus. Also, nippe an der leeren Tasse und rieche in die Thermoskanne. Das geht. Die riecht ja immer noch für Wochen nach Kaffee. Betrachte meinen elektrischen Eierkocher, der auf der Fensterbank steht.

Aus dem Innenhof kommen Geräusche. Offensichtlich will einer meiner Nachbarn seinen Samstagnachmittag nutzen, um bei sich zu Hause einen Router zu installieren.

So, wie es klingt, läuft es aber wohl nicht so ideal. Höre genauer hin und stelle fest, dass die Geräusche nicht mal aus unserm Innenhof kommen, sondern wohl noch zwei, drei Höfe weiter. Ist aber nicht so schlimm, denn er ist echt laut genug.

Eigentlich hört man genau genommen zunächst nur so einzelne Schreie:

– Was? Nein! Ohhh. Das. Nein. Das glaub ich nicht!

Erst mit der Zeit entwickeln sich ganze Sätze, jetzt entsteht wohl so was wie eine Beziehung zwischen dem Router und diesem Menschen:

– Nein, das darfst du nicht. Dazu hast du kein Recht. Du musst jetzt endlich! Du Schwein! Ich habe doch alles getan, was du wolltest! Duuuu!!!! Jetzt steh nicht einfach nur so rum! Blink gefälligst. Ich kann auch anders! Wenn du nicht sofort …! Dann! Dann!!!

Denke, so wird er bei diesem Router keinen Erfolg haben.

So lässt sich ein Router offensichtlich nicht einschüchtern. Die sind tough. Verdammt gut geschult in ihrer Ausbildung. Die Drillinspektoren seiner Herstellerfirma wären stolz auf ihn.

Man muss sich das so ähnlich vorstellen wie bei den US-Marines, sieht man ja manchmal in Filmen, wie die dann auch unter heftigsten Verhörbedingungen, Androhungen, ja Folter sogar, beständig und konsequent nichts weiter sagen als ihren Namen und ihren Dienstrang:

– Ich bin Sergeant Miller, 3. Infanteriebataillon der US-Navy-Sharks ... Ich bin Sergeant Miller, 3. Infanteriebataillon der US-Navy-Sharks ... Ich bin Sergeant Miller, 3. Infanterie ... und so weiter.

So ein Router macht das ganz genauso.

– Eine Verbindung kann nicht hergestellt werden. Überprüfen Sie Ihre Anschlussdaten und Ihre Kabelverbindungen ... Eine Verbindung kann nicht hergestellt werden. Überprüfen Sie Ihre Anschlussdaten und Ihre Kabelverbindungen ... Eine Verbindung ...

Irgendwann hat der Router ihn weichgekocht. Dem Mann platzt der Kragen. Aber immerhin kann er jetzt sein Anliegen, sein Problem mal richtig benennen:

– Aaaarrhh, was willst du von mir? Was soll das? Ich weiß nicht, was meine Anschlusskennung, persönlich, Scheiße, Arschloch, Kennwort, rummsbumms Nummer ist.

Aus einer anderen Ecke, zwei, drei Fenster weiter, brüllt es plötzlich:

– Das steht in dem Schreiben mit deinen Zugangsdaten!
– Das hab ich verloren!
– Dann bist du am Arsch!

Denke, das ist schön, wie diese modernen Kommunikationsmedien die Menschen zueinanderführen. Sie dazu bringen, miteinander zu reden. Einander zu helfen. Ganz direkt. Ohne Umwege. Einfach so. Von Fenster zu Fenster. Nur so durch die Luft, also quasi WLAN.

Dann wird es plötzlich ganz, ganz still im Innenhof. Aber ganz, ganz still. Mehrere Minuten lang. Dennoch merkt man genau, es ist diese gespannte Stille. Nicht diese Stille: Keiner ist da, sondern mehr diese Alle-hörn-zu-Stille. Bis man dann in diese

Stille rein den dumpfen Aufprall eines Routers im Garten hört.

Aus der Routerwohnung erklingen Freudenschreie, Jubelge-sänge, Siegesgeheul. Dann geht das Fenster zu. Denke, das ist ganz, ganz wichtig. Sich diese Freiheit immer noch zu erhalten. Diese Geräte zur Not eben einfach aus dem Fenster werfen zu können. Denn diese befreiende, beglückende Wirkung von so einem Aus-dem-Fenster-Werfen ist durch nichts zu ersetzen.

Ich achte immer sehr darauf, jederzeit etwas in der Wohnung stehen zu haben, was ich bei Bedarf mal wegschmeißen kann. Natürlich sollte das aber etwas sein, was man nicht später nochmal braucht. Nur deshalb habe ich mir ja diesen Eierko-cher besorgt, der jetzt auf der Fensterbank steht. Immer wenn mich der Drucker oder so wieder zur Verzweiflung treibt, kann ich mir schnell den Eierkocher nehmen, ihn rauswerfen und hab erst mal wieder ein bisschen Luft. Dieser Eierkocher ist super. Der beste Kauf meines Lebens. Rudis Resterampe. Er ist auch ganz robust. So kann ich ihn dann auch später immer wieder raufholen und bei Bedarf nochmal wegschmeißen.

Eigentlich ist das ja heute das Wichtigste bei jedem Kauf. Man muss immer schauen: Lässt sich das denn auch gut weg-schmeißen? Viele Sachen gehen ja schon beim ersten Weg-schmeißen kaputt. Das ist nichts. Man muss heute immer da-von ausgehen, dass man ein Gerät, bis es mal wirklich fertig angeschlossen und installiert ist, zwischendrin drei- bis viermal weggeschmissen hat. Meinen Eierkocher habe ich bestimmt schon 20-mal weggeschmissen. In mehr als der Hälfte der Fälle als Stellvertreter für meinen Drucker. Selbstverständlich gucke ich meinen Drucker dann aber immer ganz durchdringend und böse an, wenn ich den Eierkocher in die Hand nehme. Und der Drucker weiß dann auch sofort, was Sache ist. Das beeindruckt den schon, diese Geräte sind ja auch nicht grund-sätzlich doof.

Der Mann ist mittlerweile unten im Garten und sucht seinen Router. Klar, hätt ich ihm vorher sagen können. Aber das Wegschmeißen war trotzdem richtig.

Der andere Mann, zwei, drei Fenster weiter, gibt Tipps.

– Kalt, kalt, … wärmer, wärmer!

Na, da soll aber nochmal einer sagen, die Berliner wären nicht hilfsbereit.

Traunstein

Der Elektroladen ist völlig leer. Nur hinterm Tresen steht ein kleiner, dicker Mann im Zidane-Trikot. Gehe zu ihm.

– Entschuldigen Sie, ich habe hier gestern einen Reisewecker und Batterien gekauft. Die Batterien sind aber die falschen.

Er guckt mich erstaunt an. Sagt aber nix. Sage:

– Ihr Kollege hat mir die falschen Batterien gegeben. Diese sind AAA, ich brauche aber AA.

Keine Reaktion. Er schaut mich weiter schweigend an. In solchen Momenten wünsche ich mir oft, auf der Stirn des Gegenübers möge doch auch so eine Zeitleiste erscheinen, wie beim Computer, wenn man da irgendwas lädt oder so:

«Verbleibende Dauer bis zur Beantwortung der Frage: ca. 2 Minuten ...»,

möglichst auch mit so einem blauen Balken.

«Weniger als 2 Minuten ... ca. eine Minute ... weniger als eine Minute ...»

Während der Mann noch die Fragedaten lädt, nutze ich die Zeit und schaue nochmal sein Trikot an. Denke, das sieht einfach komisch aus. Ich finde es immer noch irritierend, wenn so respektable Männerbäuche in die Trikots von Hochleistungssportlern gesteckt werden. Irgendwie erschrickt man bei diesem Anblick. Ich find sie jedes Mal wieder seltsam: die runden Ballacks, pummligen Podolskis, kleinwüchsigen Mertesackers oder dicken Zidanes. Aber Gott sei Dank sind die Männer, die diese Trikots tragen, ja nur Fans von Fußballern. Wenn diese Männer jetzt zum Beispiel mal Fans von Kunstturnerinnen wären ... Das wäre vermutlich noch viel gewöhnungsbedürftiger. Obwohl, das Stadtbild würde es sicherlich auflockern.

Offen gestanden hatte ich früher sogar auch so ein Trikot. Eins von Gerd Müller. Allerdings war das jetzt nicht so vollkommen lizenziert. Also, eigentlich gar nicht. Also, genau genommen war es nur ein weißes T-Shirt, auf das ich mit Filzstift eine «9» gemalt hatte. Trotzdem haben mich viele, wenn ich dieses Trikot anhatte, für Gerd Müller gehalten. Obwohl, na ja, eigentlich nur meine Mutter.

Der dicke Zidane ruckelt plötzlich leicht hin und her. Die Frage ist jetzt wohl geladen. Ein Antworttext wird erstellt. 4-3-2-1, er spricht:

– AA?

– Ja, genau, ich brauch die AA, die AAA sind nämlich zu klein.

– Die AA sind aus.

– Sind aus?

– Ja, sind aus, wir hamm nur noch die AAA.

– Hm. Wann kriegen Sie denn die AA wieder?

– Oooohh …

Er verfällt wieder in seine Schweigestarre. Ich fürchte, diesmal ist es ein Systemabsturz. Vermutlich muss das gesamte Antwortprogramm neu geladen und berechnet werden. Warte noch drei Minuten, dann beschließe ich zu gehen. Bin gerade an der Tür, als es plötzlich von hinten ruft:

– Und die AAA helfen Ihnen nichts?

– Nein, die sind zu klein.

Er lacht.

– Hm. Und wenn Sie vielleicht einfach mehr davon nehmen?

In diesem Moment brach mein Antwortsystem zusammen. So viel Schlagfertigkeit hätte ich ihm wirklich nicht zugetraut.

Nur wer nichts macht ...

Donnerstagmorgen 10.00 Uhr.
Stehe in der Küche und presse Brötchen aus. In der Zitronenpresse. Bin mir nicht sicher, ob diese Tätigkeit wirklich sinnvoll
ist. Überlege, wie es dazu kommen konnte:
Donnerstagmorgen 9.29 Uhr. Sitze in der Küche und lese stolz
die Zeitung. Habe ich mir verdient. Bin schon draußen gewesen. Kind weggebracht, Zeitung und Brötchen geholt. Im Supermarkt gewesen. Dann zu Hause auch schon wieder Kaffee
gekocht, Frühstückstisch gedeckt, Zeitung aufgeschlagen und
aber gleich tüchtig losgelesen. Nicht mal halb zehn und schon
wieder so viel total unterschiedliche Tätigkeiten auf meinem
Kerbholz. Mensch, mensch, mensch, mensch, ich bin aber
auch ein Hansdampf in allen Gassen.
Die Freundin fragt, wie das Wetter draußen ist.
Sage:
– Weiß nicht.
Sie pöbelt:
– Wie? Weiß nich? Du warst doch schon draußen.
– Jaaa, aber ich hatte da so viel um die Ohren. Da war keine
Zeit, um aufs Wetter zu achten. Außerdem bin ich jetzt schon
so lange in Berlin, ich renn nicht mehr jeden Tag mit großen
Augen durch die Stadt und muss über alles staunen, vieles ist
auch reine Routine geworden.
Sie sagt, ich soll mich jetzt mal konzentrieren.
Schaue auf meine Knie und tue so, als würde ich mich kon-
zentrieren:
– Ähm, es regnet?
Sie schüttelt den Kopf.
Mist. Warum sind dann meine Knie feucht? Sie fragt, ob sonst
was war.

– Wie, ob sonst was war?

– Na, auf dem Weg, irgendwas Ungewöhnliches.

– Glaub nicht, wieso?

– Na, weil Kinderladen und Kiosk angerufen haben. Du hast das Kind im Kiosk abgegeben und die Zeitung aus dem Kinderladen mitgenommen.

Na super, mit diesen ständigen Kritteleien wird sie mir irgendwann noch meine unbestreitbaren Leistungen des Morgens kleinreden. Nur wer nichts macht, macht auch nichts verkehrt. Da sollte sie mal drüber nachdenken.

Sie sagt, es sei nicht so schlimm, das Kind habe den Weg vom Kiosk aus auch allein gefunden, nur die Erzieherin hätte gerne, dass ich sie in der Mittagspause mal anrufe und ihr die Zeitung vorlese.

Na wunderbar. Termine, Termine, Termine.

Sie fragt, was denn so in der Zeitung drinsteht. Sage:

– Weiß nicht.

– Aber du liest doch schon seit über zehn Minuten in der Zeitung.

– Echt? Jaa, ja wahrscheinlich schon, aber was hat denn das eine mit dem anderen zu tun? Morgens sind meine Informationsaufnahmekapazitäten noch eher beschränkt. Da sind die DSL-Leitungen zwischen den Synapsen in meinem Hirn noch nicht freigeschaltet. Die verständigen sich morgens eher noch mit zwei Joghurtbechern und 'ner Schnur dazwischen. Da kommt kaum was durch.

Meine Güte, vielleicht hätte ich mein Studium doch nicht abbrechen sollen. Wenn ich das Studium fertig gemacht hätte, wäre ich jetzt Lehrer. Dann hätt ich's besser. Dann müsste ich jetzt nicht zu Hause sitzen und knifflige Fragen beantworten. Dann würde ich die Fragen stellen. Das wäre ein Leben. Stattdessen muss ich jetzt hier unter Prüfungsbedingungen rauskriegen, was in dieser verdammten Zeitung steht.

– Ääähhh, äähh … ah ja, die schreiben hier, gestern war nichts, gar nichts, es ist nichts passiert, den ganzen Tag nicht.

– Den ganzen Tag nichts?

– Nee, überhaupt nichts. Die haben sich auch erst gewundert, aber dann eben doch gedacht: Gibt halt so Tage. Da kann man dann gar nichts machen.

– Ach. Aber es war doch Wahl in diesem Bundesland da im Süden.

– Oh. Ah ja. Ja, die war natürlich, aber die Ergebnisse waren wohl nicht so, da haben sie dann beschlossen, sie berichten lieber gar nicht drüber, um die Gefühle der Menschen dort nicht zu verletzen.

– Was war denn mit den Ergebnissen?

– Weiß auch nicht, aber als sie alle Prozentpunkte zusammengezählt haben, sind sie wohl auf über 100 gekommen, und das war ihnen dann peinlich.

Sie lächelt gequält.

– Horst, wenn du das nächste Mal wieder irgendwo gefragt wirst, ob du eigentlich privat genauso lustig bist wie auf der Bühne, sei doch bitte so ehrlich und antworte: Nein. Okay? Hast du wenigstens an die Milch gedacht?

– Aber hallo, in der Bäckerei war ich heut komplett fehlerfrei. Ist im Brötchenbeutel unter den anderen Einkäufen aus dem Supermarkt.

– Du hast die Supermarktsachen auf …? O nee, die Milchverpackung ist angerissen. Die ist ausgelaufen, die Brötchen sind völlig vollgesuppt. Wo krieg ich jetzt Milch her?

Und so kam es, dass ich zum Küchenschrank ging, die Zitronenpresse herausholte und das einzig Sinnvolle tat.

Weihnachtsmärkte im Vergleich

Ich sag ja immer: Jeder Weihnachtsmarkt ist anders. Das ist wirklich mal was, was sie alle gemeinsam haben. Dass eben jeder wirklich anders ist. Zum Beispiel der am Breitscheidplatz. Der ist noch nicht so kommerzialisiert. Da wird nicht so eine rührselige Weihnachtsstimmung erzeugt, in der man den Leuten dann leichter das Geld aus der Tasche ziehen kann. Nein, das ist noch ein ehrlicher Rummel. Laut, dreckig, der reine Stress. Da wird einem «Stille Nacht» noch von einem Hammondorgelorchester ins Ohr gebrüllt. Das hält wach. Nicht dieses einlullende Streichergesäusel von anderen Weihnachtsmärkten in ihrem Besinnlichkeitsfanatismus.

Eine Mutter zerrt ihr quiekendes Kind vom Aladin-Karussell. Sie brüllt: – Sei jetzt endlich still, oder ich verkauf dich als Klingelton. Meinte das die von der Leyen, als sie sagte: – Wir sollten Kinder nicht nur als Belastung sehen, sondern als gewinnbringende Zukunft?

Eine andere Mutter hat ihre fünf Kinder mit einer Kordel wie an einer Freundschaftskette zusammengeknotet. So ist es selbst in diesem Trubel extrem unwahrscheinlich, dass sie eins verliert. Wahrscheinlich ist doch alles nur eine Frage der Organisation. Sie zieht kurz an der Kordel. Oh, am Ende der Kette kommt unter der Losbude noch ein sechstes Kind zum Vorschein.

Zwei Betrunkene am Glühweinstand unterhalten sich quasi in Klingeltönen. Während der eine tweetymäßig vor sich hinwimmert: – Ich bin so allein, so lonely, allein, so klein ..., scheppert der andere wie der verrückte Frosch auf ihn ein: Babababaaa, lass dich nich gehn, brrr, bababaa, bist doch 'n stattlicher Kerl, brrbabababaaa ...

Die Jugendlichen, die an ihnen vorbeikommen, greifen auf Höhe der beiden immer nervös zu ihrem Handy.

Matthias Horx und andere sogenannte Zeitgeistforscher glauben, diese Klingeltöne sind eine Art Jugendkultur. Wir können die nicht verstehen, so, wie unsere Eltern den Punk nicht verstehen konnten. Na meinetwegen, aber der Punk war zumindest billiger. Für den Punk brauchte man als Anfänger erst mal nur einen abgebrochenen Mercedesstern. Und den gab's damals ja quasi an jeder Straßenecke für lau. Die Klingeltonjugendkultur gibt's dagegen nur mit Handy-Vertrag. Außerdem bedaure ich schon jetzt die nächste Generation, die sich dann mit Klingelton-Revivals, Klingelton-Musicals und Klingelton-Fashion auf den Modeschauen der Haute Couture rumschlagen muss. Und was wird dann wohl die nächste Jugendkultur sein? Womit soll man solche Klingeltoneltern denn noch schocken? Vielleicht sich technische Haushaltsgeräte implantieren lassen. Ein Espressoautomat im Knie oder eine Brotbackmaschine zwischen den Schulterblättern. So eine Jugendmode wäre zumindest mal irgendwie nützlich.

Eines der Kordelkinder hat sich beim Streicheln des Ponys vom Tierasyl irgendwie in der Mähne verfangen. Das Pony setzt sich in Bewegung und schleift die sechs Kinder hinter sich her. Die Mutter beginnt lauthals zu schimpfen. Die Karussellbetreiber fürchten um die weihnachtliche Stimmung und drehen vorsichtshalber die Hammondorgelmusik ein gutes Stück lauter. Was mag in solchen Momenten nur in den riesigen Plüschtieren auf den oberen Regalen der Losbude vor sich gehen? Der gigantische türkisfarbene Elefant zum Beispiel. Womöglich steht er da schon seit zehn, zwanzig oder noch mehr Jahren. Bestimmt hat er schon unzählige Hauptgewinne – Freie Auswahl! – erlebt. Aber nie hat ihn jemand ausgewählt. Was muss das für ein Gefühl sein? Plüschtiere und anderes Spielzeug neben und unter ihm wechselten, aber er blieb immer sitzen. Dieser Elefant hat viel gesehen. Vielleicht ist er mittlerweile ziemlich verbittert. Vielleicht ist er aber auch über all die Jahre klug und weise geworden. Für den Elefanten ist die ganze Welt ein Jahrmarkt. Er hat ja nie etwas anderes gesehen.

Das Pony mit den Kordelkindern ist mittlerweile zum Stehen gekommen. Die Kinder fanden's super und betteln den Mann vom Tierasyl an, nochmal von dem Pony über den Weihnachtsmarkt geschleift werden zu dürfen. Ein neuer Betrunkener stellt sich auf zwei Mülltonnen und brüllt: – Kinder, hört zu! Lasst euch nicht verarschen! Den Weihnachtsmann gibt es gar nicht!

Ein Weihnachtsmann vom Glühweinstand brüllt zurück: – Stimmt nicht! Den Mann auf den Mülltonnen gibt es gar nicht!

Und der türkise Plüschelefant denkt sich: Na, womöglich ist es tatsächlich das Beste, hier einfach für immer in diesem Regal stehen zu bleiben.

Der Ausdruck

Als ich das Kind von der Schule abhole, informiert es mich über die Ereignisse des Tages:

– Timo hat heute einen fetten Ausdruck benutzt. Zwei Striche! Wenn die Kinder in der Schule Ausdrücke benutzen, bekommen sie Striche. Für besonders schlimme Ausdrücke auch schon mal zwei. So etwas ist dann ein fetter Ausdruck.

– Hm. Was hat er denn gesagt?

– Das kann ich nicht sagen. Der Ausdruck ist zu schlimm, und wenn ich ihn wiederhole, habe ich ihn ja auch benutzt.

Das macht neugierig.

– Nein, du informierst mich ja nur. Das ist was anderes. Das darfst du.

– Also gut. Timo hat gesagt: Fick deine Mutter!

– Ja, das ist allerdings ein fetter Ausdruck. Da kann man schon mal zwei Striche geben.

– Mmh, fand ich auch.

Wir gehen weiter. Das Kind denkt nach.

– Sag mal, Papa. Was ist eigentlich ficken?

– Was?

– Na, dies Ficken. Ist das was Schlimmes?

– Nein! Nein, Ficken ist nichts Schlimmes. Überhaupt nicht. Nein, nein.

– Ach so, na dann.

Das Kind beginnt zu singen.

– Ficken, ficken, ficken, ... ficken, ficken, yeah ... was ist nur ficken? ... ficken, ficken, yeah ...

Die anderen Passanten bleiben stehen und starren uns an. Ein Vater mit seiner siebenjährigen Tochter, die begeistert ein Lied übers Ficken singt. Bei so was würd ich allerdings auch stehen bleiben.

Das Kind wird wieder nachdenklich.

– Aber was genau ist denn jetzt ficken? Ich hab ja in der Pause auch schon Timo gefragt, aber der wusste es auch nicht.

Die Menschenmenge um uns herum wächst langsam an. Spüre, wie bei mir der Schweiß ausbricht.

Sage:

– Och, das besprechen wir vielleicht lieber zu Hause, wenn Mama auch dabei ist.

Die Menschenmenge versperrt uns den Weg. Einer brummt.

– Nix! Das Kind hat eine Frage gestellt!

Also gut. Ich hole aus.

– Ja … also …, «ficken» ist ursprünglich natürlich gar kein schlimmes Wort. Aber überhaupt nicht. Eigentlich kommt es ja aus dem Norddeutschen und bedeutet im Prinzip so viel wie «machen». Umgangssprachlich jedoch wurde es dann mehr und mehr für Tätigkeiten verwendet, die man sonst nicht so gerne so direkt beschreiben wollte … also … also …

Ich rede wie im Fieber. Der Schweiß läuft jetzt in Strömen. Komme zu irgendwelchen Lautverschiebungen, aufgrund irgendwelcher Völkerwanderungen irgendwelcher Goten. Gleichzeitig suche ich nach einer Fluchtmöglichkeit. Wenn ich den offenen Gulli 20 Meter weiter vorne erreichen würde, könnte ich da einfach reinspringen, und alles wäre gut. Aber die drei Rentnerinnen schräg links haben den offenen Gulli auch schon bemerkt. Ganz geschickt decken sie ihn ab.

Ich bin gerade dabei, zu erläutern, wie Hermann der Cherusker im Teutoburger Wald die Römer gefickt hat, als das Kind plötzlich sagt:

– Ah ja, jetzt weiß ich schon.

– Echt?

Ich kann mein Glück kaum fassen. Die alte Strategie des So-lange-wirr-am-Thema-Vorbeiredens, bis niemand mehr weiß, worum es eigentlich geht, und entnervt aufgibt, hat wieder funktioniert. So habe ich auch schon mein Abitur gekriegt.

– Ja ja, erklärt das Kind, ficken, das ist praktisch, wenn Mann und Frau sich nackig sehen.

– Najaaa. Obwohl, für den Moment lass ich das mal so gelten. Das war gerade nochmal gutgegangen. Die Menschenmenge beginnt sich enttäuscht aufzulösen. Ich bin erleichtert. Das Kind strahlt mich an:

– Mensch, Papa, dann haben wir ja auch schon oft gefickt.

Oh, bitte nicht. Die Passanten kehren zurück. Eine der Rentnerinnen fällt vor Schreck in den offenen Gulli. Und ich spüre plötzlich wieder das alte schmiedeeiserne Brückengeländer an meinen Halsmuskeln. Das sichere Gefühl, da kommste nie wieder raus. Wünsche mir, der Förster möge doch jetzt kommen und eine Hütte um mich herumbauen. Die Rentnerin ruft aus dem Gulli: – Mir geht's gut, schnappt euch den Schweinehund!

Immer enger wird der Kreis um uns herum gezogen. Jetzt ist alles egal. In völliger Verzweiflung nehme ich das Kind auf den Arm und rufe laut:

– Ooh nee, ich glaub, du hast schon wieder Kopfläuse.

Die Menge weicht zurück.

Halte das Kind wie einen Schild vor mich, wuschel ihm möglichst wild durch die Haare und renne durch die entstehende Gasse, so schnell ich nur kann, mit ihm nach Hause.

Aber dort hat das Kind jetzt Fragen. Sehr viele Fragen, weshalb mir in den nächsten Tagen keine andere Wahl bleibt, als ihm mit Hilfe diverser Fachkinderbücher behutsam einen Großteil der Geheimnisse des menschlichen Körpers zu erläutern. Mit dem Ergebnis, dass wir jetzt ein siebenjähriges Kind zu Hause haben, das praktisch aufgeklärt ist, aber immer noch an den Weihnachtsmann glaubt. Eigentlich hatten wir das anders geplant.

VIER

... Würde

Das Rauchverbot in den Zügen der Deutschen Bundesbahn unter besonderer Berücksichtigung der gelben Raucherzonenrechtecke auf den Bahnsteigen

Seit alle Züge der Deutschen Bundesbahn komplett rauchfrei sind, riecht es auf vielen Zugtoiletten nach Zigarettenrauch. Das ist nicht schön, selbst für mich als Raucher. Auf einer Zugtoilette rauchen. Das ist einfach würdelos.

Raucher, die nicht einmal für ein paar Stunden, wenn's unbedingt sein muss, aufs Rauchen verzichten können, finde ich bemitleidenswert. Genauso wie Nichtraucher, die, wenn es unbedingt sein muss, nicht auch mal ein paar Stunden selbst rauchen können. So was ist innere Schwäche. Fakt ist, ich kann sehr viel länger nicht rauchen als ein Nichtraucher rauchen. Mental gesehen, bin ich dann also doch der Stärkere.

Aber weil ich jetzt auch wieder nicht mit meiner mentalen Stärke angeben will, habe ich mir einen schönen Plan gemacht, wo in jedem Bahnhof, auf jedem Gleis die letzten Raucherpunkte sind. Diese lustigen gelben Quadrate, die man dort jetzt überall aufgemalt hat. So kann ich vor jeder Station schnell zur richtigen Stelle im Zug rennen, rausspringen und auf dem Bahnsteig japsend ein paar Züge nehmen. Das ist sicherlich sehr viel würdevoller. Und auch gesünder. Man hat Bewegung und frische Luft. Und ich bin auch bei weitem nicht der Einzige, der es so macht. Mein Platznachbar hat es beim letzten Halt leider nicht mehr rechtzeitig zurück in den Zug geschafft. Seine Unterlagen und das Handy liegen jetzt ein wenig hilflos und verlassen auf dem Platz herum. Ich nehme mir fürs Erste mal seine Zeitung.

Eine Nichtraucherin hat den Schaffner alarmiert. Auf der Toilette würde es nach Zigarettenrauch stinken. Der Schaffner schaut sehr, sehr streng in unser Großraumabteil. Womöglich wird es gleich Taschendurchsuchungen geben. Verstecke lieber mal unauffällig meine Zigaretten. Gott, so weit ist es schon. Obwohl ich ein reines Gewissen habe, beseitige ich Beweismittel. Wie weit sind wir gekommen! Halte auch schon seit einiger Zeit immer meinen Mailordner schön aufgeräumt, damit Schäuble, wenn er da mal reinguckt, nicht denkt, bei mir sei es unordentlich.

Das Handy meines wohl immer noch am Bahnhof Leipzig rauchenden Platznachbarn klingelt. Erst leise, dann zunehmend wütender und lauter.

Na, dann geh ich doch mal ran. Vielleicht kann ich helfen. Sein Büro fragt, ob sie jetzt, wie verabredet, in die Berliner Immobilienfonds investieren sollen.

Hm. Sage:

– Nein, auf keinen Fall. Die Situation hat sich dramatisch verändert. Erkläre, neueste Analysen hätten ergeben, dass es doch klüger sei, die Preise und Mieten in Berlin in den nächsten 20, 30 Jahren noch möglichst niedrig zu halten.

Das Büro fragt, was sie dann kaufen sollen. Sie müssten doch jetzt die Spekulationsgewinne vor der Bankenkrise retten.

Ich sage:

– Bücher! Sie sollen Bücher kaufen. Jede Menge Bücher. Speziell von Horst Evers. Sie sollen alles aufkaufen, was sie kriegen können.

Das Büro fragt, ob ich mir sicher bin. Ich sage:

– Absolut sicher, ich habe das sichere Gefühl, dass da für uns eine Menge Geld drin ist. Buchstabiere ihnen zur Sicherheit noch den Namen Evers, dann leg ich auf. Schaue zum Schaffner. Denke: Tja, hier findet quasi vor euren Augen ein Millionenbetrug statt, und ihr jagt Auf-der-Toilette-Raucher. So ist die Welt. Verrückt.

Steht so auch in der Zeitung. Also quasi. Auf der «Aus-aller-Welt»-Seite ist eine Meldung aus Laatzen bei Hannover. Unglaublich. Jetzt ist Laatzen bei Hannover auch schon aus aller Welt. Bis vor kurzem war das ja noch fernab aller Welt. Laatzen bei Hannover. Wie klein die Welt doch geworden ist.

In Laatzen bei Hannover, steht da, habe eine Frau ihren Mann erschossen. Am Frühstückstisch. Die Nachbarn waren natürlich völlig erschüttert und erschrocken. Das sei furchtbar. Damit habe niemand gerechnet. Sie fänden es «unfassbar, wie so etwas quasi aus heiterem Himmel, ohne jede Vorankündigung passieren könne». Vorankündigung? Was erwarten die Leute denn? Dass die Frau zwei, drei Tage vorher einen Zettel in den Hausflur hängt:

«Liebe Nachbarn, am Dienstagmorgen gegen acht Uhr möchte ich gerne nach dem Frühstück meinen Mann erschießen. Falls es hierbei etwas lauter werden sollte, bitte ich dies zu entschuldigen. Aber wenn Sie Zeit und Lust haben sollten, kommen Sie doch einfach vorbei und schießen Sie mit.»

Die meisten familiären Verbrechen passieren ja am Frühstückstisch. Steht auch noch in der Meldung. Oder zumindest morgens. Hätte ich nicht gedacht. Obwohl, ich kann es verstehen. Das liegt nämlich daran, dass es morgens immer so unglaublich früh ist. Ich habe überhaupt nichts gegen Morgen, wenn sie nur nicht immer so idiotisch früh wären. Wenn der Morgen an sich zum Beispiel einfach mal am Abend stattfinden würde, dann wäre ich, glaube ich, auch ein Morgenmensch.

Der Schaffner schreitet immer noch, jeden einzelnen Fahrgast streng fixierend, durch unser Abteil. Ich weiß ja genau, wer der Auf-der-Toilette-Raucher war. Aber ich sage nichts. Und wenn der Verteidigungsminister Jung droht, unsern Zug beschießen zu lassen. Ich werde schweigen wie eine kaputte Musikbox. Viele Raucher fühlen sich ja bedroht von den neuen rigiden Nichtrauchergesetzen. Andere begreifen es aber auch als Herausforderung. So wie mein Freund Markus zum Beispiel. Der hat sich einfach einen Topf gelbe Farbe besorgt und malt jetzt immer, wenn er rauchen will, speziell am Bahnhof, schnell so ein gelbes Quadrat um sich herum. Er behauptet, das würde bislang eigentlich noch ganz gut klappen.

Das Büro ruft nochmal an. Sie sagen, sie hätten jetzt alles von diesem Evers aufgekauft, aber leider seien nur sehr kleine Auflagen auf dem Markt gewesen. Sie hätten dann doch das Hauptkapital in Bücher über den Dativ und den Genitiv investiert. Und ich denke: Mist, irgendwie müssen mein Busfahrer und diese Weltverschwörung von der Sache Wind gekriegt haben.

Innere Wut und Kaisersherzen

In meinem Kaiser's-Supermarkt steht seit einiger Zeit fast immer eine alte Frau im Kassenbereich. Mit wachen Augen wartet sie, bis mal ein Kunde sagt, er will die ihm für seinen Einkauf zustehenden Herzen nicht. Dann schnappt sie nach vorne und sagt, sie nimmt die Herzen gerne. Die Kaiser's-Leute haben offensichtlich nichts dagegen. Auch nicht dagegen, dass die Frau mittlerweile noch im Laden einen leidlich florierenden Handel mit den für die Herzen eingetauschten Wok-Pfannen betreibt. Ich mag die Frau. Sie mich allerdings nicht so gerne. Weil ich meine Herzen selbst behalte. Ich habe meine eigenen Pläne. 17 fehlen mir noch für die Wok-Pfanne. Wenn ich diese Wok-Pfanne erst mal habe, dann fängt aber ein neues Leben an. Dann mach ich mir Gemüse und so.

Mein Arzt findet das auch gut. Mein Arzt findet, ich soll mal was abnehmen, fünf, sechs Kilo vielleicht, weil, wenn ich das nicht bald mache, ist es zu spät. Ab 40 geht das Abnehmen nicht mehr so einfach. Ab 40, sagt mein Arzt, verändert sich irgendwas im Gehirn, und ab dann isst man immer so, als wär's das letzte Mal. Das sei so eine Urangst bei Männern ab 40, sie könnten in ihrem Leben einfach nicht genug gegessen haben. Und dann sterben sie, und es ist da noch so viel nicht Gegessenes in ihrem Leben übrig.

Mein Arzt ist schon okay. Rauchen zum Beispiel findet er gar nicht so schlimm. Immerhin. War aber auch mühsam genug. Musste achtmal den Arzt wechseln, bis ich endlich einen gefunden hatte, der Rauchen nicht so schlimm findet.

Ein Mann kriegt seinen Euro oder seine Wertmarke nicht aus dem Einkaufswagen raus. Wütend schüttelt er den Wagen. Als wenn das was nützen würde.

Vor dem Kaiser's kratzt ein Hund das Bild seines Herrchens in den Schnee. Es hat für mich immer was Anrührendes, wenn Hunde ihre entlaufenen Herrchen suchen. Schnee im November. Im Oktober war's noch knalleheiß. Das Wetter spielt völlig verrückt. Tsunamis, Wirbelstürme, New Orleans weggespült, der Golfstrom hat auch nicht mehr so richtig Lust. Das spinnt doch, das Wetter. Das hat doch jeden Bezug zur Realität verloren. Glaubt, es kann sich alles erlauben. Aber mit New Orleans hat es wirklich über die Stränge geschlagen. Das Wetter soll mal lieber schön aufpassen. Die USA gucken sich das bestimmt nicht mehr lange so an. Diese Willkür- und Schreckensherrschaft vom Wetter. Wenn das Wetter so weitermacht, haben die USA ja gar keine andere Wahl, als das Wetter anzugreifen. Dann weht aber ein anderer Wind für das Wetter. Das geht ganz schnell, und zack, findet sich das Wetter in irgendwelchen Kellern in Polen oder Rumänien wieder. Dann kann's mal sehen! Aber was kommt nach dem Wetter? Da entsteht doch dann ein Klimamachtvakuum? Na ja, die USA werden das ja sicher schon alles bedacht haben.

Der Mann hat jetzt seinen und drei weitere Einkaufswägen umgerissen und tritt mit dem Fuß gegen das Münzausgabefach. Dabei hat er große Schwierigkeiten, den Takt zu halten. Unangenehm unrhythmisch ist seine Trittfolge. Ich finde es immer etwas befremdlich, wenn Menschen in ihren Wutausbrüchen jegliche Musikalität abgeht. Gucken die denn keine Filme? Wut kann so ästhetisch sein, wenn man nur mit ein bisschen Liebe an die Präsentation geht.

Im Umgang mit ihrer Wut lassen viele Menschen ja häufig jegliche Sorgfalt oder auch nur Vernunft vermissen. Dabei bietet unsere Gesellschaft so viele Möglichkeiten. Ich nutze die doch auch. Zum Beispiel bei der letzten Kaiser's-Herzen-Aktion. Nur noch drei Herzen hatten mir gefehlt für ein Milchkännchen. Nur drei Herzen noch. Dann musste ich für ein oder zwei Wochen weg, und als ich wiederkam, war die Aktion ausgelaufen und all meine Herzen wertlos. Dabei hätte ich für meine Herzen vorher schon locker zwei oder drei Müslischalen bekommen. Aber nein, ich wollte ja unbedingt das Milchkännchen.

Hab dann natürlich innere Wut bekommen. Bin also mit meiner inneren Wut zum Arzt. Der hat gesagt, ich soll mich wegen innerer Wut nicht aufregen. Innere Wut kommt drei Tage, bleibt drei Tage, geht drei Tage. Hab gesagt, die Zeit hab ich nicht. Hab wichtige Termine, wenn ich bei denen innere Wut habe, ist das sehr ärgerlich. Hat der Arzt gesagt: Innerer Wut soll man nicht mit spaßen, kann schnell chronisch werden. Hat mir dann aber doch Kamillentee und Sport empfohlen. Dafür musste ich zehn Euro Praxisgebühr bezahlen, was die innere Wut erst mal nochmal verstärkt hat. Und für enormen Stress hat es auch gesorgt, weil ich mir in der Folge in dem Quartal noch achtmal Gründe für einen Arztbesuch ausdenken musste, damit sich die Praxisgebühr auch gelohnt hat. Am Ende bin ich nur zum Arzt, um ihm von meiner Wok-Pfanne zu erzählen. Und zum Sport bin ich auch nicht gekommen. Aber wie soll man das auch schaffen, wenn man ständig zum Arzt muss. Trotzdem, durch die vielen Termine fehlte mir dann irgendwann auch die Zeit für die innere Wut.

An der Telefonzelle hängt ein Zettel, dass dieser öffentliche Fernsprecher wegen Vandalismus außer Betrieb ist. Dieser Zettel hängt bestimmt schon seit sechs oder sieben Jahren da. Wahrscheinlich ist die Zelle von vornherein so, mit diesem Zettel, aufgestellt worden. Als Mahnmal oder so.

Der Mann hat sich mittlerweile einen Stein geholt und drischt damit auf den Einkaufswagen ein. Der macht's richtig. Dieser Mann hat verstanden. Der jammert nicht, der tut was. Und schön rhythmisch ist er jetzt auch geworden. Plötzlich fällt der Euro tatsächlich aus dem Einkaufswagen raus. Verblüfft, fast ein wenig verärgert starrt der Mann ihn an. Dann hebt er ihn liebevoll auf, steckt ihn zurück in den Einkaufswagen und beginnt wieder zu rütteln.

Wie sagte doch Frau Merkel in der ersten großen Neujahrsansprache zu Beginn ihrer Amtszeit? «Jeder Weg beginnt mit einem ersten Schritt.»

Na ja, das hätte ein chinesischer Glückskeks nicht besser formulieren können.

Februar

Zwei Fliegen begatten sich gegenseitig auf der Fensterscheibe. Tja, die hamm Spaß. Süß. Frage sie, ob ich mitmachen
darf? Die beiden Fliegen fliegen in Panik davon. Fühle mich
allein. Und missverstanden. Da sitz ich nun, im Februar, in
der Küche, mit zwei arroganten Fliegen. Die mich behandeln,
als wäre ich Luft. Natürlich könnte ich ihnen den Respekt ein-
bläuen. Der Stärkere wäre ich ja – wahrscheinlich. Aber sie
sind schneller und können fliegen und vor allem – sie sind zu
zweit. Zwei gegen einen. Einen Luftkrieg gegen sie könnte ich
nicht gewinnen, und auf einen Bodenkrieg von unkalkulier-
barer Dauer und mit ungewissem Ausgang will ich mich nicht
einlassen. Außerdem fürchte ich, wenn ich wirklich die ganze
Wucht meiner Körperinfanterie einsetze, empfindliche Verluste
unter meiner Geschirrbevölkerung. Aber vor allem: Auf diese
Weise will ich ihren Respekt nicht. Die Fliegen sollen mich
nicht wegen meiner militärischen Überlegenheit, sondern der
Schönheit meiner Seele wegen lieben. Diese Welt ist schon verrückt genug geworden. Völlig durchgedreht. Da ist es wichtig,
dass zumindest ich bei klarem Verstand bleibe und mit meinen
Küchenfliegen rede, wie ein vernünftiger Mensch das eben tut.
Teile den Fliegen mit, dass ich mir ein wenig Sorgen um ihr
Gewicht mache und dass sie deshalb heute keinen Zucker bekommen, sondern nur einen Klacks kalorienreduzierte Kirsch-
marmelade. Die Fliegen pöbeln zurück, das sei doch die reine
Projektion. Ich hätte kein Recht, nur wegen meiner Gewichts-
unzufriedenheit sämtliche Insekten in der Wohnung zu terro-
risieren. Super, jetzt werden sie auch noch pampig. Schreie sie
an, sie wüssten gar nicht, wie gut sie es hätten. Keine Ahnung
hätten sie, wie in anderen Wohnungen mit Insekten umge-
gangen würde.

Der Nachbar fragt brüllend, ob ich wieder mit meinen Kü-
chenfliegen streite. Sage, dass die Fliegen angefangen haben.
Er brüllt:
– Der Klügere gibt nach!
Die Fliegen kichern:
– Da träumste aber von!
Es klingelt. An der Tür. Ein Mann steht davor, sagt, er sucht
eine Frau, ob hier vielleicht eine für ihn wohnen würde.
Sage:
– Die ist verreist. Bin selbst schon auf Fliegen.
Er nickt verständnisvoll und klingelt beim Nachbarn. Ja, das
ist der Februar.

Die Erfindung der Rap-Musik

Donnerstagmittag. Habe Zahnschmerzen. Seit Montagnacht habe ich Zahnschmerzen. Rechts unten hinten. Müsste der Vier-Fünfer oder der Vier-Sechser sein. Glaub ich zumindest. In der Sendung mit der Maus wurde vor einigen Wochen erklärt, wie das funktioniert, dieses zahnärztliche Benennen der Zähne. Mit diesen Nummern und so. Dachte, das ist ja interessant, das wirste dir jetzt aber mal merken. Jetzt hab ich's schon wieder vergessen. Man vergisst so viel. Wie heißt eigentlich die Stadt, wo ich gerade bin? Und wohin gehe ich überhaupt? Wahrscheinlich zum Bahnhof. Gehe ja meistens zum Bahnhof. Gott, hoffentlich hat diese Stadt überhaupt einen Bahnhof. Sonst bin ich ja ewig unterwegs.

Und das mit diesen Schmerzen. Rechts unten hinten. Genau die Ecke des Mundraumes, über die mein Zahnarzt vor rund einem Jahr sagte: «Da können wir den Weisheitszahn ruhig stehen lassen, der wird keine Probleme machen.» Wenn das jetzt dieser Weisheitszahn ist, dann! dann!! dann!!! ... ja, was dann?

Na, wahrscheinlich werde ich den ganzen Sachverhalt mit ihm ganz höflich, zivilisiert und seriös besprechen. Wie immer. In aller Ruhe. Wie unter erwachsenen Menschen. Jawoll. Und dann werde ich ihn vielleicht verhauen. Aber eben erst, nachdem wir alles besprochen haben. Also erst, wenn er auch wirklich weiß, warum er jetzt diese Haue kriegt. Das ist schon sehr wichtig, weil, sonst lernt er ja gar nichts daraus. Jetzt zahlt sich's eben doch noch aus, dass ich mal auf Lehramt studiert habe. Was ich immer sage, keine Ausbildung ist für die Katz. Nicht mal das Lehramtsstudium.

Wenigstens fühlt sich das Gepäck irgendwie leichter an, wenn der Körper mit Schmerzen beschäftigt ist. Echt wahr. Andererseits, wo ist überhaupt mein Gepäck? Ich hatte doch'n Koffer. Aber ja. Verdammt. Schaue in die Umhängetasche. Zeitungen. Vergleiche das Datum mit der Anzeige auf dem Handy. Sie sind von heute. Verstehe. Ich muss also schon im Kiosk gewesen sein. Na, da wird dann wohl auch der Koffer jetzt stehen. Aber wo war jetzt noch gleich dieser Kiosk?

Mein Zahnarzt kommt mit diesem Verhauen ja eigentlich richtig gut weg. Ich meine, wären wir jetzt in Amerika, also wäre mein Weisheitszahn US-amerikanischer Staatsbürger, dann könnte ich ihn jetzt ja vermutlich verklagen. Also den Zahnarzt. Wegen der Schmerzen. Auf 20 Millionen US-Dollar. Minimum. Und da hätte er noch Glück. Denn wäre ich böswillig, könnte ich mir noch, von den Schmerzen geschwächt, einen heißen Kaffee in den Schoß schütten. Dann wären's schon 40 Millionen. Aber ich bin nicht böswillig. Ich bin nicht wie diese Amerikaner. Die denken doch, mit Geld könnte man alles regeln. Schmerzen, Leid, Elend, als wenn da überall ein Preis draufstehen würde. Schlimm. Aber hier ist das noch anders. Wir sind hier schließlich noch Kulturnation. Hier gibt's noch einfach Haue, und dann aber auch gut.

Habe Hunger. Aber mit diesen Zahnschmerzen wird sogar das Essen zur Qual. Vor einem Hotel hängt ein Werbetransparent. Sie bieten ein Langschläferfrühstück an. Bis 9.30 Uhr. Sehr gut, ein wichtiger Hinweis. Bin also vermutlich irgendwo in Baden-Württemberg.

Sollte jetzt den Kiosk suchen und meinen Koffer holen. Sonst verpass ich noch meinen Zug. Welchen Zug überhaupt? Wenn man bei einem Zug überhaupt nicht weiß, wann er eigentlich fährt, kann man ihn dann überhaupt verpassen? Ist das das Geheimnis des Glücks? Wenn man sich überhaupt gar keine Züge mehr raussucht, sondern immer nur auf gut Glück zum Bahnhof geht, dann ist man ja praktisch immer pünktlich. Oft sogar viel zu früh. Wer keine Ziele hat, kann auch nicht scheitern, sondern reist auf einer nie endenden Straße des Erfolgs.

Hm, in Amerika könnte ich mit so einer Erkenntnis als Wanderprediger wahrscheinlich Millionen verdienen. Also, sagen wir mal circa zehn. Zusammen mit der Schmerzensgeldklage wären das mittlerweile schon rund 50 Millionen US-Dollar. Super, stehe hier nur so orientierungslos auf dem Bürgersteig und werde quasi immer reicher. Also, zumindest in Amerika.

50 Millionen US-Dollar. Nicht schlecht. Ich glaub, wenn ich so viel Geld hätte, würde sich mein Leben schon verändern. Mit so viel Geld müsste ich mir wahrscheinlich über gar nichts mehr Gedanken machen. Wenn ich so viel Geld hätte, würde ich wahrscheinlich nicht mal mehr selber essen. Würd ich jemanden für einstellen. Dann hätte der auch diese Zahnprobleme. Und dieses dämliche tendenzielle Übergewicht hätte der dann auch. Ich könnte mir einfach mit meinem durchtrainierten, gesunden Körper einen schönen Tag machen, und er müsste den ganzen Kram für mich essen und auch trinken. Würd ich einfach jemanden für einstellen. Als Minijob. Oder nee, doch lieber Vollzeit. Is ja doch 'ne ziemliche Menge, was ich so den Tag über esse und trinke. Lieber Vollzeit. Dann hätte er auch Kranken- und Pflegeversicherung dabei. Die braucht er ja später sicher mal bei diesem Job, aber hallo. Und ich werd dann 100 Jahre alt. Nur aus Daffke. Weil ich es mir eben leisten kann.

In Amerika ist das ja heute schon so. Das habe ich in einer Fernsehreportage gesehen. Die lief auf arte, also war schon seriös. Diese ganzen Ghettokinder, hieß es dort, die sind ja alle total dick, während sich die Reichen in ihren Fitnessclubs mit Vitamincocktails vergnügen. Alles, was diesen Ghettokindern noch bleibt, ist die Musik. Also HipHop und Rap. Die mussten ja damals alle rappen lernen, weil sie einfach viel zu dick waren, als dass sie sich noch hätten eine Gitarre umhängen können.

Ein Mann kommt mit meinem Koffer angerannt. Es ist der Kioskbesitzer. Er freut sich, dass er mich endlich gefunden hat.

Denke: Jawoll, so ist nämlich Deutschland oder zumindest mal Baden-Württemberg. Der Kioskbesitzer behauptet: – Nein, nein, wir sind hier in Braunschweig.

Ach. Und ich denke: Super, also, das freut mich jetzt aber wirklich, dass ich endlich auch mal was richtig Nettes über Braunschweig sagen kann. Das hat diese Stadt aber auch echt mal verdient.

Im Strudel der Sucht

Ich kaufe ungern dicke Zeitungen. Also diese extrem dicken Wochenendausgaben mit großem Immobilienteil oder Automarkt, die kauf ich ungern. Nicht weil ich was gegen Immobilien, Autos oder Märkte hätte. Es ist nur, weil ich so vergesslich bin. Weil ich mir einfach nicht merken kann, an welchem Tag eigentlich unsere Altpapiertonne im Hof geleert wird. Andere können sich das merken, denn spätestens eine Stunde nach der Leerung ist die Tonne jedes Mal schon wieder voll. Wie die das machen, weiß man nicht. Aber irgendwie können sie es.

Diese Problematik begleitet mich schon seit langer Zeit und hat vor einigen Jahren sogar zu einer der schlimmsten Krisen meines Lebens geführt.

Da ich seinerzeit nie einen Altpapiercontainer-leer-Moment erwischte, wuchs der Stapel in der Wohnung schnell an. Bald war er auf Hüfthöhe, dann Brust, dann Schulter. Ich machte das Beste daraus, nannte den Berg erst Archiv, später Bibliothek, dann modernes Antiquariat und kam mir sehr kultiviert dabei vor. Dann kam der Moment, wo ich beim Frühstück beobachtete, wie die Altpapiertonne im Hof geleert wurde. Meine Chance. Jetzt hieß es schnell sein. Doch als ich vor meinem modernen Antiquariat stand, befiel mich auf einmal ein anderer, unglaublich schwachsinniger Gedanke. Ob ich es wohl schaffe, dass dieser Stapel bis zur Decke geht. Mein Ehrgeiz war geweckt. Von nun an lebte ich nur noch für dieses eine Ziel. Ein Mann und sein Traum. An manchem Samstag kaufte ich ohne Grund alle drei Berliner Tageszeitungen mit fettem Immobilienteil, rannte mit ihnen nach Hause und warf sie, ohne auch nur einen Blick reingeworfen zu haben, vor Erregung zitternd auf meinen Stapel. An meinen Briefkasten heftete ich Aufkleber mit der Aufschrift «Werbung bitte hier einwerfen!!!»

und forderte sämtliche Kataloge an, die man nur gratis an-
fordern kann. Ich war wie im Fieber. Freunde wandten sich
von mir ab, weil ich mich nur noch für ihre Zeitungen inter-
essierte. Es kam, wie es kommen musste. Irgendwann erreichte
der Stapel die Decke, ich war am Ziel, hatte alles erreicht. Aber
nach dem Hochgefühl kam die Leere. Diese schreckliche Leere. Mein Leben hatte plötzlich keinen Sinn mehr. Ich begann
einen zweiten Stapel, aber es war einfach nicht mehr so wie
früher. Ich wurde apathisch und suchte Trost im Alkohol. Das
klappte eigentlich ganz gut. Immer mehr und mehr trank ich,
und langsam wurde ich wieder gesellschaftsfähig. Ich hatte die
Altpapiersucht besiegt. Der Rettungsanker Alkohol hatte mich
vor dem Abgrund gerettet. Dachte ich. Bis ich deprimiert feststellen musste, dass ich nur die eine Sucht durch eine noch viel
schlimmere ersetzt hatte. Ich begriff meine fatale Lage, als ich
mich bei dem Gedanken erwischte: «Ob ich es wohl schaffe,
das ganze Zimmer mit leeren Flaschen vollzukriegen?» Von
nun an war ich altglassüchtig. Der Strudel zog mich immer
tiefer hinab. Auch die Altpapiersucht kehrte zurück, und irgendwann sammelte ich wahllos alles, was mir in die Hände
kam. Solange es nur einen grünen Punkt hatte. Ich beschloss,
professionelle Hilfe in Anspruch zu nehmen, doch der Psy-
chologe nahm mich nicht ernst, bis er feststellen musste, dass
nach unserem ersten Vorgespräch sämtliche Zeitschriften aus
seinem Wartezimmer verschwunden waren, auch die Bilder
hatte ich entrahmt und mitgenommen. Daraufhin nahm er
meinen Fall an und schaffte es tatsächlich, mich zu heilen.
Und trotzdem ist da immer noch dieses Zittern. An jedem Wochenende, wenn ich diese dicken Zeitungen mit ihren fetten
Beilagen sehe. Und manchmal frage ich mich, ob es wohl auch
noch andere Menschen gibt, die dicke Zeitungen erregen?

Meine Eltern wollten nicht, dass ich Cowboy werde

Mein Fahrrad wurde gestohlen. Schon wieder. Vor der Kneipe. Also, jetzt nicht unmittelbar davor, sondern ein paar Meter weiter, wo ich es an einem Straßenschild angeschlossen hatte.

Habe aber nicht die Polizei gerufen. Auch, weil ich das Gefühl hatte, die würden womöglich komisch reagieren, wenn man ein bereits gestohlen gemeldetes Fahrrad nochmal als gestohlen meldet. Nein, ich machte das Vernünftigste, ging also zurück in die Kneipe und beschloss, noch ein wenig weiterzutrinken. Viele Probleme lösen sich ja durchs Trinken ganz von allein.

Doch seltsamerweise haut mein durchdachter Plan dieses Mal irgendwie nicht hin. Immer wieder gehe ich zwischendurch nach dem Fahrrad gucken, aber ganz egal, wie viel ich auch trinke, es taucht einfach nicht wieder auf. Nach einiger Zeit gesellt sich ein zweiter Trinker zu mir. Stelle zufrieden fest, dass der noch viel fertiger und abgeranzter als ich aussieht. Trinkende Menschen haben ein sehr feines Gespür dafür, wer im Lokal noch kaputter ist als sie. Es ist ein bisschen wie ein Blick in die nähere Zukunft. Er war nicht immer so, schwadroniert der Trinker, früher, da sei er mal ganz oben gewesen! Aber ganz, ganz oben!!! Na klar, denke ich, wie immer. Diese Geschichten, alle haben sie immer diese Geschichten ...

Alles habe er gehabt, wuchtet er weitere Worte über den Tresen, Penthouse, Autos, jede Menge Geld ... Alles!!! Aber dann habe er nur einmal irgendwie zu lange am Bahnhof Leipzig geraucht. Alles weg.

Er fragt mich, ob ich ihm nicht ein Buch über den Dativ und den Genitiv abkaufen will. Leute gibt's. Irgendwann ist er jedoch plötzlich weg. Wie alle anderen Gäste auch. So was passiert häufig in Kneipen. Der Wirt will deshalb zumachen.

Sage ihm, das geht aber nicht. Ich muss hier noch weitertrinken, bis das Fahrrad wieder auftaucht. Wenn man sich einmal auf eine Strategie festgelegt habe, bringe es nur Unglück, die mittendrin wieder zu wechseln. Er sagt, meine Strategie sei zwar sehr durchdacht, mache richtig Sinn, gerade für ihn als Wirt, aber manchmal hauten eben auch die klügsten Pläne nicht hin. Er rate mir aufzugeben. Ich frage, ob ich aussähe wie jemand, der einfach so aufgeben würde. Er sagt, ich sähe eher so aus wie jemand, der gar nicht erst anfangen würde. Mann, mann, mann, die Menschenkenntnis von Wirten ist unerreicht.

Aber raus kriegt der mich hier nicht. Das wollen wir ja mal sehen. Bin schließlich nicht doof, nur betrunken. Muss auf Toilette. Der Wirt sagt, zur Toilette geht's rechtsrum. Echt? Gehe rechtsrum. Als ich auf dem Bürgersteig stehe, schließt der Wirt schnell die Tür zu. Verdammt. Diese Wirte haben doch immer noch ein Ass im Ärmel.

Beschließe, die Orte, an denen ich in den letzten Tagen mit dem Fahrrad war, nochmal abzugehen. Renne rund vier Stunden durch die Berliner Nacht. Rastlos. Wie ein urban Cowboy. Cooles Gefühl.

Wahrscheinlich wäre es sogar noch cooler, wenn mir die Füße nicht so verdammt wehtun würden. Wäre ich wirklich ein Cowboy, wäre mein Fahrrad ja ein Pferd. Das wär super. Dann bräuchte ich nur zu pfeifen, und mein Fahrrad käme angaloppiert. Wäre ich bloß so, wie ich es als Kind ja auch wollte, Cowboy geworden. Aber nein, meine Eltern wollten ja nicht, dass ich Cowboy werde. «Lieber erst die Schule zu Ende machen ...» Und jetzt hab ich den Salat. Nur, weil ich meinen Eltern eine Freude machen wollte, tun mir heute die Füße weh. Der Berufsverkehr beginnt. Langsam wird es auch wieder hell. Also, glaube ich zumindest. Gehe nach Hause. Zumindest im Groben. Von der Richtung her.

Eine Frau kommt auf meinem Fahrrad vorbeigefahren ... Renne der Frau hinterher. Rufe: – Halt! Sofort anhalten! Hab ich dich endlich! Anhalten!

Es ist vermutlich schon eine ungewohnte Situation für eine Frau, wenn ihr frühmorgens plötzlich ein wildfremder Mann nach offensichtlich durchzechter Nacht schreiend nachrennt: «Hab ich dich! Hab ich dich endlich!» Auf so was reagiert jede Frau anders. Diese fährt einfach etwas schneller. Renne auch schneller, schreie lauter. Irgendwann bleibt sie tatsächlich stehen und dreht sich um. Bleibe auch stehen. Sehe: Is doch nicht mein Fahrrad. Sage: – So. Dann kippe ich einfach zur Seite ins Gebüsch und schlafe ein.

Kurze Zeit später ruckelt es an meiner Schulter.

Ein kleiner, dicker Mann steht vor mir. Er sagt, ich soll aufstehen. Das Betreten der Grünanlagen sei verboten. Frage ihn, ob er vom Grünflächenamt ist. Er sagt nein. Bitte ihn, einen Polizisten oder jemanden vom Grünflächenamt zu holen. Möchte gern von jemand Offiziellem angeschrien werden. Sonst fehlt mir das Unrechtsbewusstsein, und ich schmeiß mich gleich morgen wieder ins Gebüsch. Das leuchtet ihm ein. Kurze Zeit später kommt er mit einem Polizisten wieder. Es ist mein Kontaktbereichsbeamter. Er strahlt: – Mensch, Herr Evers, schön, dass ich Sie treffe. Stellen Sie sich vor, wir haben Ihr Fahrrad wiedergefunden. Gestern Nacht, gleich hier in der Gegend, es war an einem Straßenschild angeschlossen. Rahmen und Registrierungsnummer stimmen. Wir haben es mit einem Bolzenschneider befreit und auf unser Gelände gebracht.

Sage: – Danke schön.

Frage ihn dann, ob ich das Gebüsch nicht für ein paar Tage von der Stadt mieten kann. Würde schon gerne noch ein bisschen liegen bleiben.

Er nickt, und ich schlafe gleich wieder ein.

Der Praktikant

Ich weiß nicht genau, wie er auf mich gekommen ist. In jedem Falle aber war da auf einmal dieser Brief in der Post. Ein penibel adressierter und frankierter Brief eines jungen Realschülers, der mir mitteilte, er würde gerne sein berufsnahes Praktikum bei mir machen. Ein Horst-Evers-Praktikum, sozusagen. Erst wollte ich ihm zurückschreiben, dass es sicher berufsnähere Felder als mich für sein Praktikum gäbe. Was immer ich jetzt eigentlich auch bin, aber ein berufsnahes Feld bin ich nun wirklich nicht.

Dann allerdings fällt mein Blick auf die Papierberge, Wäschehaufen, Geschirrstapel und unsortierten Ansammlungen von Sachen an diversen Plätzen in der Wohnung. Dazu stehen noch ein paar lästige, aber überfällige Gänge zu verschiedenen Ämtern oder Behörden an. Also interessante Aufgaben für einen Praktikanten gäbe es hier schon.

Wenn es doch sein Berufswunsch ist, später einmal ein echter Horst Evers zu werden. Also nicht so ein ungelernter Horst-Evers-Autodidakt wie ich, sondern ein richtiger ausgebildeter Fach-Horst-Evers. Der das Horst-Evers-Sein schon von der Pike auf, in berufsnahen Praktika gelernt hat. Ist das mit Ich-AG gemeint? Vielleicht sollte ich mich überhaupt auf die Ausbildung konzentrieren. Ganz, ganz viele Horst Evers ausbilden. Für eine richtige Horst-Evers-Schwemme sorgen. Vielleicht sollte ich mit dem Arbeitsamt zusammenarbeiten, mir Auszubildende zuweisen lassen:

«Na lassen Se mal sehen, was hamm wa denn da? Ausbildung hammse keine. Interessen, im Prinzip alles, aber nix so richtig. Besondere Fähigkeiten: kaum, obwohl, Sie können gut erklären, warum etwas, wenn es mal schiefgegangen is, eigentlich schiefgegangen ist ... Na ja, hamm Se schonmal dran gedacht, Horst Evers zu werden? Ich hätte da 'ne Stelle.»

Die Horst-Evers-Branche würde vermutlich bald zu einem richtigen Beschäftigungsfaktor auf dem Arbeitsmarktsektor werden. Sicherlich gäbe es bald die Horst-Evers-Aufsichtsräte und natürlich auch die IG Evers, die wohl schwächste Gewerkschaft aller Zeiten, die einzige Gewerkschaft, bei der auch intimste Kenner der Szene bei einem Streik auch nicht den geringsten Unterschied bemerken.

Aber, wenn es dann so irrsinnig viele exzellent ausgebildete Horst Evers gibt, wäre für mich überalterten, unausgebildeten Horst Evers überhaupt noch Platz? Müsste ich dann womöglich umschulen? Aber auf wen? Auf Paris Hilton? Das wär mir, glaub ich, nix. Wenn ich tatsächlich durch jüngere, besser ausgebildete Scheinselbständigkeitskräfte aus meiner eigenen Existenz verdrängt würde? Ohne jede Aussicht, in meinem eigenen Leben jemals noch wieder eine Stelle zu finden. Was dann?

Nein, es geht leider nicht. So gern ich ausbilden würde. Jungen Leuten etwas von meiner Schluffigkeit und Lethargie mitgeben würde. Sie müssen ihren Weg in die Sinnlosigkeit einfach selbst finden. So schwierig ist das ja auch nicht.

Die Nase schwitzt mit

Vor zwei Monaten hatte ich Bursitis. Das ist quasi Schulter-mumps, also so eine Art Gelenkentzündung in der Schulter. Wenn andere so was bekommen, nennt man es eine Schleim-beutelentzündung. Aber ich lehne Krankheiten mit ekligen Namen ab, deshalb hatte ich Schultermumps.

Die Krankheit selbst übrigens hat sich mir gegenüber ei-gentlich ganz anständig verhalten. Zwei, drei Spritzen, ein paar richtig knallige Schmerzmittel, und nach 14 Tagen war's wieder weg. Ganz und gar. Das waren für eine Krankheit an sich eigentlich sehr wohlerzogene Umgangsformen. Da kann man nicht meckern. Ich kann dieser Bursitis eigentlich nichts Schlechtes nachsagen. Sie hat ihren Job als Krankheit eigent-lich sehr professionell und routiniert erledigt. Die Krankheit und ich, wir haben zwei sehr enge und intensive Wochen miteinander verbracht, aber dann hatten wir auch die Größe und Reife zu sagen, jetzt geht jeder wieder seine eigenen Wege, lebt sein altes Leben. Man kann eigentlich sagen, wir sind als Freunde auseinandergegangen. Ohne endlose Dis-kussionen, ewiges Hin- und Hergezicke und monatelangen Trennungsschmerz. Wenn man sich dagegen das pubertäre und alberne Gewese von manch anderer Krankheit anschaut! Was das oft für ein würdeloses Herumgehampel ist. Irgend-welche ordinären Schnupfen, die meinen, sie seien der Nabel der Welt.

– Nein, nein, ich will nicht gehen, ich will dich nicht verlassen, ich möchte dich nicht verlassen, ich möchte für immer bei dir bleiben.

– Doch, Schnupfen, es ist vorbei, das mit uns hat doch keine Zukunft.

– Wie kannst du so was sagen. Ich bin es doch, dein Schnupfen. Ich war doch immer für dich da, du kannst mich doch nicht plötzlich behandeln wie den letzten Rotz.

– Verdammt, Schnupfen, ich hatte gehofft, es würde nicht dazu kommen, aber dann muss ich es dir sagen, du bist mir von Anfang an auf die Nerven gegangen, Schnupfen.

– Verstehe, oh, ich verstehe nur zu gut, gibt es da etwa eine andere Krankheit, du kannst es mir ruhig sagen, mit der du meinst, glücklicher zu werden, mit der du dich dann den ganzen Tag im Bett vergnügst?

– Nein, Schnupfen, da ist keine andere Krankheit. Ich möchte einfach nur etwas Zeit für mich. Ich bin noch gar nicht in der Verfassung für eine neue Krankheit.

– Erzähl mir nichts. Ich hab genau gesehen, wie du das Sodbrennen angeguckt hast. Denkst du, ich merk das nicht? Und was du dann alles gegessen hast. Das hast du doch nur gemacht, um dem Sodbrennen zu imponieren. Aber glaub mir, so ein sprunghaftes Sodbrennen kann dich nie so glücklich machen wie ein treuer Schnupfen.

– Verdammt, ich will nichts vom Sodbrennen.

– Gut, als Kompromiss könnt ich mir auch vorstellen, dass wir auch zu dritt …

– Nein, ich will, dass du gehst, Schnupfen.

– Ach, du weißt ja gar nicht, was für dich gut ist. Mach, was du willst, ich bleibe in jedem Fall. Hmpff.

Alles, was recht ist. Verglichen mit so was war das Verhalten der Bursitis schon sehr viel erwachsener und reifer. Alles in allem eine sehr wohlerzogene Krankheit.

Und dennoch. Irgendwie vermutet man immer: Das dicke Ende kommt erst noch. Und das dicke Ende kam. Vier Wochen nach der Bursitis musste ich nochmal zur Ärztin zur Kontrolle. Sie war ganz begeistert von der völlig genesenen Schulter, gab aber zu bedenken, dass meine Gelenke vielleicht generell ein bisschen empfindlich und anfällig seien, ich sollte doch vielleicht ein bisschen Vorsorge betreiben. Und ich dummer Mensch sage in meiner unendlichen Einfalt den ausnehmend dämlichen Satz:

– Natürlich, was kann ich tun?

Auf diese Unachtsamkeit hatte die Ärztin offensichtlich nur gewartet. Lächelnd baute sie sich vor mir auf und wuchtete mir das dicke Ende direkt ins Gesicht:

– Gymnastik.

– Was?

– Gymnastik.

– Wer?

– Sie.

– Nein.

– Doch.

– Verdammt.

Gymnastik. Das war das, was in meiner Kindheit die Seniorengruppe immer dienstags von 16.00 bis 17.00 Uhr im Gemeinschaftsraum des Gemeindehauses der evangelischen Pfarrgemeinde Burlage gemacht hat. Wo sie rosa Plastikbälle von einer Hand in die andere gepufft haben. Im Takt von irgendwelchen Popmusikimitaten, wie D-I-S-C-O. Wo hinterher beim Konfirmandenunterricht immer noch der ganze Raum roch. Der ganze Raum roch nach Seniorengymnastik. Ein längst vergessener Geruch, der mir jetzt aber sofort wieder in die Nase stieg. Nur diesmal war dieser Geruch nach Seniorengymnastik – ich selbst.

Das kann doch nicht sein. Ich bin doch Fußball, Mountainbikefahren, Pogotanzen. Ich bin nicht Gymnastik. Nicht ich.

Na gut, fragte ich die Ärztin mit fast tonloser Stimme nach evangelischen Gemeindehäusern in der Gegend, die so etwas anbieten. Sie lachte:

– Neenee, das machen die Fitnesscenter. Das sind lang schon keine Bodybuilder-Buden mehr. Alles alte Klischees. Heute

sind das moderne Körper- und Wohlfühldienstleistungs-
zentren für Leute wie du und ich.

Für du vielleicht, dachte ich, aber nicht für mich.

Der freundliche Herr am Counter des Fitnesscenters wusste
bei mir sofort, was Sache ist.

– Ah, Sie kommen wegen Gewichtsproblemen?

– Nein, ich komme aus purer Dummheit. Ich möchte gerne,
nein, ich muss in die Gruppe für Seniorengymnastik.

– Hamm wa nich.

– Gut, dann geh ich mal wieder.

– Moment, ich tu Sie in die Gruppe für Anti-Aging-Fitness.

– Anti-Aging-Fitness? Was genau ist das?

– Seniorengymnastik.

– Ach so.

– Der Kurs läuft jetzt gerade. Gucken Sie doch mal.

Ich schaue hinüber, und da ist er wieder. Der Geruch meiner
Kindheit.

Wenn ich's mir recht überlege, hätte ich vielleicht doch lieber
wieder einen treuen und anspruchslosen Schnupfen. Es ist
nicht alles schlecht an einer verstopften Nase.

FÜNF

... dem Wohin

Religiöse Orientierung

Das Telefon klingelt. Ich gehe ran.

– Ja.

– Ja, guten Tag, spreche ich mit Herrn Evers?

– Ähm, sag ich nicht.

– Ach. Warum nicht?

– Na, weil ich noch gar nicht weiß, ob Herr Evers überhaupt mit Ihnen sprechen will. Falls nicht, ist es mir, glaub ich, lieber, wenn ich jemand anderes bin.

– Verstehe, ich rufe an im Auftrag der Gemeinschaft der globalen Erneuerungskirche. Herr Evers, dürfte ich Sie fragen, bei welchem Religionsanbieter Sie sind.

– Äh, evangelische Kirche.

– Ah, schön. Herr Evers, haben Sie schon mal daran gedacht, Ihren Religionsanbieter zu wechseln?

– Äh, ah, jetzt weiß ich, ich bin nicht Herr Evers.

– Was?

– Ach, war nur 'n Versuch.

– Herr Evers, wir denken, Ihre alte Kirche kassiert zu viel Glauben von Ihnen.

– Ach. Na, so viel ist das eigentlich gar nicht, was ich da glauben muss. An sich geht das, also das ist schon machbar. Was die so verlangen, das ist eigentlich schnell weggeglaubt. Nee, geht, geht echt.

– Herr Evers, Ihre Kirche verlangt von Ihnen erhebliche Ge-
bühren und bietet Ihnen nur den Zugang zu einem Netz.
– Ach.
– Bei uns haben Sie schon in der Economy-all-Religion-Flat
Zugang zu 6397 verschiedenen Göttern, darunter alle großen
Weltreligionen. Alle Netze ein Tarif, verstehen Sie? Inklusive
kostenloser Direkt-Hotline bei plötzlichen Glaubensstörungen
und voller Geld-zurück-Garantie, falls Sie denselben Glauben
irgendwo anders günstiger bekommen sollten.

Ich lege auf. Ich finde, man sollte nur an einen Gott nicht so
wirklich glauben. Wer an ganz viele Götter nicht so wirklich
glaubt, dem mangelt es meiner Meinung nach an religiöser
Orientierung.

Intelligente Haushaltsgeräte

«Die nächste Stufe der technologischen Revolution findet im Haushalt statt.»

Sitze morgens in der Küche und habe das Gefühl, meine Zeitung ist wohl noch nicht so richtig wach. Zumindest redet sie sich wieder so ein wirres Zeug zusammen.

Die Marketing-Wurst irgendeines Elektronikkonzerns droht im Interview offen damit, mein Leben in Kürze nochmal schöner, lebenswerter und unkomplizierter zu machen. «Intelligente Haushaltsgeräte werden in Zukunft unser Leben bereichern», bröselt es mir aus der schlaftrunkenen Zeitung entgegen.

Lege mir vor Freude ein Marmeladenbrot auf die Stirn. Nach der Unterhaltungs- und Kommunikationselektronik wird jetzt bald auch in der Küche endlich alles genauso einfach und zeitsparend. Drehe das Marmeladenbrot noch einmal herum. Das fühlt sich sehr lustig an. Da soll noch einer sagen, Norddeutsche könnten nicht feiern.

Intelligente Haushaltsgeräte. Warum? Wer will denn so was? Ich nicht. Haushaltsgeräte sollen doof sein und gefälligst ihre Arbeit tun. Stupide Malocher, die tun, was man ihnen sagt, und keine blöden Fragen stellen. Ich hab weiß Gott schon genug Geräte, die mir Fragen stellen. Fragen wie: Das Printcenter kann keinen Drucker finden. Haben Sie sichergestellt, dass eine Verbindung zum Drucker hergestellt ist? «Du kleine Ratte. Ich gaffer dir gleich den Drucker auf den Monitor, dann wirste ihn ja wohl sehen können.»

Gaffer-Klebeband, die letzte Erfindung, die der Menschheit wirklich was gebracht hat. Doof, aber stark, komplett analog, klebt wie Sau und für ewig.

Dagegen: intelligente Haushaltsgeräte. Was soll ich denn zum Beispiel mit einem Wasserkocher, der jedes Mal, wenn ich ihn einschalte, erst mal anfängt nachzudenken. Mir womöglich auch noch blöde Fragen stellt, wie:

– Ach, willste Wasser heiß machen?

– Ja.

– Na, wie heiß soll's denn werden?

– Kochen.

– Kochen? Uijuijuijuijui ... Na, Kochen is'n weiter Begriff. Mehr so jetzt nur leicht sieden oder richtig blubbern und so?

– 100 Grad.

– 100 Grad? Ja, dit is kochen. Hm. War willst'n mit dem Wasser?

– Was?

– Na, das ganze kochend heiße Wasser, wat willst'n damit?

– Also hör mal, das geht dich jetzt aber gleich mal gar nichts an.

– Ou, eieieieieiei ... na, so kommen wa jar nisch zusammen. Da sag ich doch mal: «Falsche Eingabe» Und nochmal von vorne: Willste Wasser heiß machen?

– Ja. Bitte.

– Na also, geht doch. ... Was denn für Tee?

– Weiß ich noch nicht.

– Wie, weißte noch nicht? Kommst hierher, husch, husch, Wasser heiß! und weißt noch gar nicht, was du für Tee willst?

– Gut, meinetwegen: Grüner Tee.

– Ach. Grüner Tee is 70 Grad.

– Komm, is doch egal jetzt ...

– Neeneeneeneeneeene ... denn kriegste wieder zu viel Bitterstoffe. Dit is nich jut. Bist eh schon so depressiv.

– Ich bin nicht depressiv.

– Na, dit sieht die Waage aber anders.

– Die Waage?

– Ja, wir hamm neulich mal über dich jesprochen, so janz privat bisschen geplaudert. Wir reden öfter mal so über dich, Gerätetratsch eben, und die Waage sagt auch: «Neeneeneeneenee, der Chef, der is auf'm absteigenden Ast, bewegt sich nich, isst unvernünftig, zu viel Bitterstoffe, pipapo ...» Wenn du nich mal bald was für deinen Körper tust, sagt die Waage, denn biste für sie bald nisch mehr tragbar.

– Mir ist egal, was die Waage sagt.

– Ach, es ist ja nicht nur die Waage. Der Toaster, der Mixer, die elektrische Zahnbürste, die vermisst dich übrigens auch sehr, wir haben uns alle mal zusammengesetzt und beschlossen, dass du jetzt mal dein Leben änderst.

– Bitte?

– Na logo, wir machen uns Sorgen. Was wird denn aus uns, wenn du mal nicht mehr bist? Wer sich ein intelligentes Haushaltsgerät zulegt, erwirbt damit auch eine gewisse Verantwortung. Wir wollen nicht in irgendeinem anonymen Geräteasyl landen ...

Intelligente Haushaltsgeräte. Was denn noch? Schon meine jetzigen Geräte haben erstaunliche Fähigkeiten. Können unglaublich viel. Auch Sachen, die man ihnen nun beim besten Willen nicht zugetraut hätte. Meine Waschmaschine zum Beispiel hat neben vielem anderen tatsächlich auch ein Programm, das heißt: «Handwäsche.» Also, bei aller Liebe, aber ich denke, da überschätzt sie sich jetzt doch. Ich glaube einer Waschmaschine einfach nicht, dass sie Handwäsche kann. Genauso gut könnte man dann ja auch bei einem Taschenrechner oder sogar einem Computer ein Programm «Kopfrechnen» entwickeln. Ein Programm, das dann eben sehr, sehr langsam läuft und letztlich mehr so zu Überschlagsergebnissen kommt. Technisch ist das womöglich schon machbar.

Habe mich natürlich auch noch nie getraut, bei meiner Waschmaschine dieses Programm «Handwäsche» anzuwählen, denn wenn diese Maschine auch nur für einen Moment logisch denken würde, müsste die Anwahl des Programms Handwäsche ja bedeuten, dass sie sofort kaputtgeht und ich dann die Wäsche von Hand mache.

In der zweiten Hälfte des Interviews gibt die Elektronik-Marketing-Wurst noch mehr Wissen über die Zukunft preis. Das neue Zentrum, also das neue Gehirn unserer Küche, werden nämlich intelligente Kühlschränke sein. Kühlschränke, die selbständig feststellen, wenn Butter oder Milch ausgehen, und das dann direkt online nachbestellen. Seit Jahren im Gespräch, jetzt sind sie wohl bald serienreif und sollen auf die arglose Menschheit losgelassen werden. Diese Kühlschränke machen mir ernsthaft Angst. Denn wenn diese Technologie in etwa so gut funktioniert wie die restliche Elektronik in meinem Haushalt, dann ...

Wenn der erste Butter-Lkw vor der Tür steht und der Fahrer mit treuen Augen den Lieferschein zückt: «Nee nee, hat Ihr Kühlschrank so bestellt, da kann ich jetzt auch nichts machen. Zwei Tonnen mild gesäuert, hier steht's ...»

Dann bekommen wir eine erste Ahnung davon, wem wir da die Herrschaft über unseren Haushalt überlassen haben. Intelligente Kühlschränke. Geschmiedet in den ewigen, gleißenden Feuern von Sauron. Ein Kühlschrank, sie zu knechten. Und die weiteren Schritte werden folgen, wie in der Kommunikationselektronik. Sind die neuen Herrscher erst einmal installiert, beginnen die Demütigungen. Vermutlich wird man die online bestellte Milch bald mit einem komplizierten Kopierschutz ausrüsten, sodass man diese Milch dann nur noch in der eigenen Küche trinken kann. Sobald man mit ihr die Küche verlassen will, wird sie nicht mehr funktionieren und sofort ausflocken. Natürlich wird man aber auch nur online bestellte Milch in diesen Kühlschrank stellen können, andere Milch wird dort sofort sauer werden. Wie das genau funktioniert, ist zwar völlig unklar, aber sie werden einen Weg finden. Und dann kommen die neuen Betriebssysteme. Betriebssysteme, für die wir jedes Jahr einen neuen, noch intelligenteren Kühlschrank kaufen müssen. Und wenn nicht, dann können wir mit unserem alten Online-Kühlschrank plötzlich gar keine frische Vollmilch mehr bestellen. Sondern nur noch Monate alte H-Milch. Und schließlich werden die ersten aufgeben und sich in ihren Innenstadtwohnungen eine Kuh und sechs Hühner halten. Um die Familie wenigstens noch einigermaßen menschenwürdig über die Runden bringen zu können. Und während wir so leben, zwischen Kuhfladen und Hühnerkacke, da werden wir uns fragen: War es das alles wert? Gehe zu meinem alten Kühlschrank und streichle ihm sanft über die Abdeckung. Er brummt wohlig. Das gefällt ihm. Ich öffne zärtlich seine Tür, und er ist leer. Leer, so wie ich ihn schuf. Und ich denke: Mist, wär eigentlich schon schön, wenn der jetzt frische Milch besorgt hätte.

Wohin mit der Weltklimakatastrophe?

Dienstagmorgen, im Posteingang sind schon wieder drei Mails von der Weltklimakatastrophe. Langsam wird die echt aufdringlich. Sie kündigt ihr Kommen an. Für demnächst. Fragt, ob ich sie vom Hauptbahnhof abholen kann. Mist, ausgerechnet vom Hauptbahnhof, der ist doch für so was gar nicht gebaut. Na super. Bestimmt will sie dann auch hier wohnen. Schaue mich in der Wohnung um. Na, eigentlich sieht's ja so aus, als wär die Weltklimakatastrophe schon da gewesen. Weiß echt nicht, ob es ihr hier gefallen würde.

Aber vor allem bin ich eigentlich noch gar nicht in der Verfassung, schon wieder Besuch von einer Katastrophe zu bekommen. Bis vor zwei Wochen hat hier ja noch das Rentenloch gewohnt. Das war anstrengend genug. Stand auf einmal vor der Tür: – Tag, ich bin das Rentenloch, kann ich mal für 'ne Woche hier wohnen? Und zack!, saß es auch schon dick im Sessel. Hat dann die ganze Zeit vor sich hin gejammert. – Ich bin ein Rechenfehler, eigentlich bin ich nur ein Rechenfehler. Das ist alles nicht meine Schuld, ich wollte das doch nicht. Mich gibt es nur, weil andere sich verrechnet haben. Guck mal hier, ich hab schon wieder zugenommen ... Meine Herren, war dieses Rentenloch ein wehleidiger Geselle. Und immer wollte es mir ein schlechtes Gewissen machen. – Ey Mann, das ist 11 Uhr durch, und du sitzt hier rum. Geh gefälligst mal in die Stadt raus, mach ordentlich Kinder, denk doch auch mal an mich!

Nicht dass ich es dem Rentenloch zuliebe nicht mal versucht hätte. Aber als ich in der Stadt die erste Frau angesprochen habe: – Guten Tag, es ist mir auch unangenehm, aber ... es ist wegen des Rentenlochs, weil das ja immer größer wird, was ja so auch nicht weitergehen darf, also ob Sie vielleicht ... also quasi wir ... also es wäre dann ja sozusagen ein Akt der Vernunft ..., hat die tatsächlich geantwortet:

– Na ja, vor diese Wahl gestellt, findet sie das Rentenloch dann doch irgendwie jetzt auch wieder nicht so schlimm ...

Im Herbst hatte ich hier noch die Massenarbeitslosigkeit zu Gast. Aber die hat sich ja mittlerweile irgendwo anders ein kleineres Zimmer gesucht.

In meiner Speisekammer haust seit dem letzten Sommer die Lücke in der Pflegeversicherung. Fühlt sich da pudelwohl.

Die Gesundheitsreform dagegen habe ich schon vor Wochen ins Treppenhaus geschickt. Zur Strafe. Die soll sich da erst mal schön über sich selber klar werden. Was sie eigentlich will. Seitdem steht sie da und bewegt sich nicht.

Hab der Klimakatastrophe dann zurückgemailt: Tut mir leid, aber zur Zeit sind hier einfach keine Katastrophenplätze mehr frei, alles belegt. Vielleicht, wenn die Vogelgrippe dieses Jahr kurzfristig absagen sollte, aber würd mich nicht drauf verlassen.

Hoffe mal, sie kriegt das nicht in den falschen Hals. So eine Weltklimakatastrophe kann ja sehr aufbrausend und stürmisch sein.

Die Gesundheitsreform klopft an die Tür und fragt, ob sie wieder reinkommen darf. Lasse sie rein. Ich mein, sonst will sie ja doch keiner haben. Und mal ehrlich: Gemessen an der Weltklimakatastrophe ist die Gesundheitsreform dann ja doch eher der angenehmere Mitbewohner.

Intelligente Straßen

Klaus will mir sein altes Navigationssystem mit GPS schenken. Er sagt, er habe jetzt ein besseres, er brauche das alte nicht mehr. Ich bin baff:

– Wie? Ein besseres GPS? Eines mit jetzt noch kürzeren Wegen? Und wieso bekomme ich das alte? Heißt das, ich soll jetzt immer die ganzen unmodernen, völlig überholten Umwege vom alten GPS gehen?

Klaus lacht:

– Nein, die Wege sind die gleichen. Das neue Navigationssystem hat nur ein paar tolle Zusatz-Features. Zum Beispiel hat es eine «Sich-verlaufen»-Funktion.

– Eine was?

– Eine «Sich-verlaufen»-Funktion. Kann doch mal sein, dass man Lust hat, sich einfach mal ein bisschen zu verlaufen, völlig zu verheddern, bis man total orientierungslos ist. Dann wählt man diese «Sich-verlaufen»-Funktion, und das GPS führt einen total in die Pampa.

– Hm. Offen gestanden konnte ich das bis jetzt eigentlich auch ohne GPS ganz gut.

– Klar, das ist auch mehr 'ne Spielerei. Aber was toll is, du kannst dir zum Beispiel google earth da draufladen.

Okay, google earth ist toll. Allein diese Kippfunktion, mit der man quasi in 40 Metern Höhe über die Stadt fliegen kann. Schaue mir seit neuestem gerne Wege zuerst bei google earth an. Fliege sie praktisch vorher einmal ab. Ich finde, das ist eine wirklich gute Orientierungshilfe. Wenngleich man die Wege dann natürlich praktisch nur von oben kennt. Das ist schon ein Nachteil. Dadurch muss man unterwegs doch ab und zu mal bei Leuten im sechsten Stock oder höher klingeln, um sich von deren Wohnung aus den Weg nochmal anzugucken.

Aber wenn man denen dann sagt, es ist wegen google earth, haben alle Verständnis.

Aber diese Funktion ist ja nur in Klaus' neuem schicken Navigationssystem. Der alte Knochen, den er mir schenken will, kann ja praktisch nichts außer Wegen.

– Klaus, ich brauche so ein GPS nicht, ich habe ja nicht mal ein Auto.

Aber Klaus kann sehr überzeugend sein. Erst recht, wenn er altes Zeug von sich entsorgen will:

Probier es doch einfach mal aus. Das ist auch super zu Fuß oder mit dem Fahrrad. Sehr nützlich, du wirst sehen.

Und er sollte recht behalten. Gleich am nächsten Tag teste ich es mal den Weg zum Kiosk. Und tatsächlich geschieht etwas Erstaunliches. Das Navigationssystem teilt mir quasi mit, die Wartenburgstraße in Kreuzberg gibt es gar nicht. Das hätte ich nicht gedacht. Seit Jahren laufe ich fast täglich wie blöd durch diese Straße und merke überhaupt nix. Und diesem Gerät reicht ein einziger Blick, um festzustellen, die Straße gibt es gar nicht. Es ist eben doch ganz gut, wenn man seinen alltäglichen Trott mal mit den Mitteln objektiver moderner Technik überprüft und sich nicht immer nur wie doof auf alles, was man sieht, verlässt. Wenn ich alleine hochrechne, wie viel Lebenszeit ich schon damit verschwendet habe, durch eine Straße zu laufen, die es gar nicht gibt.

Eine meiner größten Ängste seit fünf oder sechs Jahren ist, ich könnte virtuell sein oder plötzlich virtuell werden. Wie das jetzt genau funktionieren sollte, weiß ich natürlich nicht. Muss ich aber auch nicht wissen. Man kann ja auch virtuell werden, obwohl man von der virtuellen Welt gar keine Ahnung hat. Das ist wie mit Herpes. Den kann man ja auch bekommen, ohne irgendetwas über Herpes zu wissen. Im Gegenteil, je weniger man über Herpes weiß, desto größer ist die Wahrscheinlichkeit, sich einen einzufangen. Wenn man die Veranlagung dazu hat. Und die Veranlagung zum Virtuell-Werden habe ich definitiv. Schon als Kind hatte ich die. Unzählige Schulstunden gab es, von denen meine Lehrer absolut überzeugt behauptet haben, sie hätten stattgefunden, die Lehrer hätten da irgendwas erklärt, und ich sei auch dabei gewesen. Aber ich selbst habe keinerlei Erinnerung an all diese Stunden. Das allein ist doch schon mehr als mysteriös.

Kürzlich noch erschienen so viele Berichte über das Second-Life-Universum. Das Feuilleton hat diese virtuelle Parallelwelt geliebt. Wahrscheinlich, weil sie sich gefreut haben, endlich mal eine neue Welt missverstehen zu können. Das Missverstehen der alten Welt muss ja selbst für einen Feuilletonisten irgendwann mal langweilig werden. Alles, was es hier gibt, gibt es auch in Second Life. Was für ein origineller Entwurf. Sogar richtiges Geld, den Linden-Dollar, den man mit etwas Glück auch gegen noch richtigeres Geld in der realen Welt eintauschen kann. So besagen es zumindest Gerüchte.

Als ich von all dem hörte, beschlich mich sofort ein unheimlicher Verdacht. So viel Matrix oder Ähnliches habe ich natürlich auch gesehen, als dass ich nicht sofort denken würde: Was, wenn dann auch diese Welt nur virtuell ist? Wir praktisch alle nur Teil eines Computerspieles sind, welches noch realere Menschen in einer noch realeren Welt spielen? Ich nur die Computersimulation, der Avatar, meines realen Spielers in dieser noch realeren Welt bin? Das würde zumindest mal erklären, wo eigentlich mein ganzes Geld immer bleibt. Vermutlich tauscht mein realer Spieler mir das nämlich immer alles weg. Wahrscheinlich sind die Spieleentwickler in dieser noch realeren Welt quasi ständig damit beschäftigt, uns das Leben schwerer zu machen, damit das Spiel interessant bleibt. Wäre logisch. Sicherlich sind manche dieser Spieleentwickler richtig berühmt geworden mit der Erfindung von Unterprogrammen, wie «Schienenersatzverkehr», «grölende Nachbarn» oder

«Hundekot». Und ein besonders perfider Programmierer hat vermutlich die Telefontarifwechselangebotsanrufer-Routinen entwickelt. Wurde diese ganze Welt am Ende wirklich nur von einer höheren Intelligenz, also ein paar bekifften und sadistischen Computerfreaks entwickelt? Das würde allerdings manches erklären. Wüsste dann nur noch gerne, wer von diesen durchgeknallten Spieleentwicklern eigentlich auf die Geschichte mit Knut gekommen ist.

Schaue mich im Spiegel an. Bin beruhigt. Mal angenommen, mein realerer Spieler hätte jetzt wirklich die Möglichkeit gehabt, sich für seinen Avatar, also seine zweite Identität, einen Körper völlig frei und wunschgemäß auszusuchen ... Nee.

So durchgeknallt ist doch keiner. Gott sei Dank, mit diesem Körper muss ich eigentlich keine Angst haben, irgendwann mal virtuell zu werden.

Gehe runter zur Wartenburgstraße. Laufe dort eine halbe Stunde auf und ab. Rufe die ganze Zeit laut: – Ich glaube an dich! Ich glaube an dich! Ich glaube an dich! Die Wartenburgstraße reagiert alles in allem gelassen, aber die mir entgegenkommenden Menschen, die haben sich sehr gefreut.

23 Säulen

Eine der vielen, vielen Säulen meiner Altersvorsorge ist, dass ich mich jeden Morgen kurz an den Computer setze und bei Google als Suchbegriff mal eben schnell «Geld umsonst» eingebe. Mittlerweile hat man da mehr als eine Million Treffer. Ich finde, das hat was sehr, sehr Beruhigendes. Im Alter werde ich die alle mal abklappern. Über eine Million Treffer, da müsste eigentlich ein ganz schönes Sümmchen zusammenkommen. Könnte natürlich auch einfach diese Liste ausdrucken und sie bei der Bank als Sicherheit für einen Kredit hinterlegen. Aber ich weiß nicht, ob ich der Bank davon überhaupt erzählen sollte. Immerhin ist ein Großteil dieser Angebote von «Poker-online-Diensten», und gerade Banken sind für so was ja besonders anfällig. Viele von ihnen können es aber nicht sonderlich gut, weil sie ihre Gier nicht zügeln können, und so was ist ja nun beim Pokern der sichere Untergang.

Meine Altersvorsorge hat mittlerweile 23 Säulen. Von den Cent-Stücken in der Blechdose über das ganze Flaschenpfand in der Speisekammer bis hin zu meiner Sammlung seltener Gaststättenservietten.

Ein Freund sagte mir kürzlich, bei Säulen käme es ja eigentlich gar nicht so sehr darauf an, wie viele es sind, sondern wie stabil sie sind. Das war als Kritik an meiner Altersvorsorge gemeint und ist natürlich Quatsch. Langfristig gesehen beweist doch die gesamte Menschheitsgeschichte, bei Säulen kommt es weniger auf die Stabilität an, sondern mehr auf die Frage, ob sie denn auch schön sind. Nehmen wir alleine mal die Akropolis. Dort stehen ja nun wohl die berühmtesten Säulen überhaupt. Stabil waren diese Säulen aber nicht gerade. Im Gegenteil, ist ja so ziemlich alles kaputt auf der Akropolis. Trotzdem kommen jedes Jahr Hunderttausende, um sich das anzugucken. Hätte man die Akropolis jetzt zum Beispiel aus Schnellbeton gegossen, würde da zwar heute vielleicht noch alles stehen. Aber das wollte sich doch keiner angucken. Es wäre quasi wertlos. Nein, bei einer Altersvorsorge und ihren Säulen muss man viel, viel langfristiger denken. Die Säulen meiner Altersvorsorge sind sozusagen wie die Akropolis. Stabil ist das alles nicht, aber in Hunderten von Jahren werden Millionen von Touristen durch die Trümmer meiner Altersvorsorge stapfen und darüber staunen, wie die Menschen früher einmal gelebt haben.

Natürlich gibt es darüber hinaus auch noch andere Ebenen bei einer vernünftigen Altersvorsorge. Zum Beispiel sollte man zusehen, dass man möglichst stetig Dinge erlebt. Damit man später was zum Erinnern hat. Erinnerungen sind so ziemlich die wichtigste Säule der Altersvorsorge. Insofern ist sinnlos verprasstes Geld mit ordentlichem Erlebniswert natürlich auch eine sehr solide Anlage fürs Alter.

Außerdem ist es sinnvoll, sich selbst möglichst früh als alt zu begreifen. In dem Moment, wo man nämlich mal alt ist, ist praktisch jede weitere Ausgabe für sich selbst eine Investition in die Altersvorsorge. Ab dann ist man wirklich auf der sicheren Seite.

Mein Freund, der schon meine 23 Säulen nicht stabil genug findet, behauptet, mein Konzept der Altersvorsorge habe ein bisschen was von Selbstbetrug. Da hat er natürlich recht, warum auch nicht. Wenn ich schon betrogen werde, dann doch am besten gleich direkt von mir selbst. Alles andere bringt doch früher oder später nichts als Ärger.

Intelligente Hosen

Nicht nur die Kühlschränke, auch die Milchpackungen selbst werden intelligent. Sie bekommen ihre eigenen kleinen Gehirne, die RFID-Chips. Radio-Frequency-Identity-Chips, die in Kürze die Strichcodes an Lebensmitteln oder auch anderen Produkten in Supermärkten oder Kaufhäusern ersetzen sollen. Lustige, fingernagelgroße Mikroarchive, welche aber auch senden und empfangen können. Für Kleidung, also zum Beispiel Hosen, werden sie heute schon vereinzelt eingesetzt. Dann sind alle Hosen im Laden in permanentem Kontakt untereinander. Können sich über die Kunden austauschen, Kaufhaustratsch verbreiten, und vor allem wissen sie immer, wie viele sie noch sind. Natürlich auch in welcher Größe und so. Wenn jetzt also ein Kunde eine Hose anprobiert, und die ist ihm zu eng, wissen die anderen Hosen sofort, ob sie diesem Kunden passen würden oder nicht.

Ich glaube, meine Hosen wissen das schon jetzt. Auch ohne RFID-Chip. Die spüren das. Einzelne von ihnen haben deshalb Angst vor mir. Wenn ich nur den Schrank aufmache, sehe ich sie da manchmal liegen. Völlig verängstigte Hosen, die sich fürchten, ich könnte versuchen, sie nochmal anzuziehen. Ja, dann wird's still im Schrank. Die sagen dann gar nichts mehr, sind starr vor Panik. Erst wenn ich den Schrank wieder schließe, höre ich manchmal ein erleichtertes Seufzen von innen. Diese RFID-Chips sind noch zu teuer. Nur aus diesem Grund sind sie noch nicht flächendeckend eingeführt. Bald jedoch, also in zwei, drei Jahren, werden sie an jeder Milchpackung haften.

Dann wird man jede Milchpackung weltweit orten können. Und in der Wohnung kann sich die Milchpackung dann schön mit meinen anderen Lebensmitteln, aber auch meinen Hosen unterhalten. Dann wird vieles einfacher, wenn die Hosen schon kurz nach dem Kauf der Schokolade wissen:

– Okay, das war's dann wohl für mich.

Oder eben diese Schokolade den Hosen fröhlich zuruft:

– Euch mach ich fertig!

Auch diesen immensen Aufwand mit Bundestrojanern und dergleichen, der zur Zeit noch vom Verfassungsschutz betrieben wird, den braucht es dann vermutlich nicht mehr. Das erledigen dann alles die Milchpackungen:

– Herr Evers, wir haben Informationen, Sie hätten beim Frühstück behauptet, den Bundesinnenminister sollte man mal ...?

– O nein, das hab ich nie gesagt. Nie.

– Herr Evers, leugnen Sie nicht. Wir haben eine beeidigte Aussage Ihrer Milchpackung.

– Oh, glauben Sie der Milch nicht. Das ist nur ... ich hab sie schlecht werden lassen ... jetzt ist sie sauer.

– Herr Evers, Ihre Milch hat einen einwandfreien Leumund. Es gibt für uns keinen Grund, an ihr zu zweifeln. An Ihnen hingegen ...

Gut, das ist jetzt natürlich nur eine völlig übertriebene Zukunftsvision. Satirisch überspitzt, wie meine etwas bräsige Zeitung es nennen würde. Aber irritierend finde ich sie trotzdem. Allein schon, weil derjenige, der mich in dieser Vision verhört, also richtig in die Mangel nimmt, mein Kirschjoghurt ist. Und als Pflichtverteidiger wird mir auch noch die Halbfettmargarine zugeteilt. Ausgerechnet die Halbfettmargarine. Diesen Umstand finde ich eigentlich am beunruhigendsten.

Epilog:

Es ist eine seltsame Vorstellung, diesen Text in diesem Buch in, sagen wir mal, vier Jahren, also 2011 zu lesen. Vermutlich werden diese RFID-Chips dann längst ein alter Hut und gesellschaftlich wie datenschutztechnisch anerkannt und akzeptiert sein. Dann werden mein Text und ich aber ganz schön alt aussehen, aber, um mal einmal so bräsig wie meine Zeitung zu sein: Nichts ist älter als die Zukunft, wenn sie vorbei ist.

Was heißt hier Verantwortung?

Berlin, 3. April 2097, 6.45 Uhr.

Der Zug, zu dem mich meine Auftraggeber bestellt haben, ist pünktlich. Ich schalte den Luftkissenantrieb an meiner kleinen Reisetasche an, und sie schwebt in den Waggon. Es gibt noch reichlich Fensterplätze im Großraumabteil, ich wähle ein Fenster, dessen Programm mir eine Fahrt durch eine sonnige südfranzösische Landschaft simuliert, und richte mich für die Fahrt ein. Geräuschlos fährt der Zug an, aber fast alle Fahrgäste machen, so gut sie können, ein Anfahrgeräusch nach: «FFuff, FFuff; FFuff, FFuff.» Seit die katholische Kirche im letzten Katechismus festgeschrieben hatte, es sei Gottes Wille, dass man bei allen Fortbewegungsmitteln die Fahrgeräusche des 20. Jahrhunderts nachmachen müsse, war es wieder laut geworden auf Deutschlands Straßen und Schienen.

– Entschuldigen Sie, ist dieser Platz noch frei?

Es war ein kleiner, eiförmiger Mann, der da neben mir im Gang stand und mich anbrüllte. Ich versuche es einfach mal mit einem:

– Nein.

– Danke schön!

Er setzt sich und brüllt mich an:

– Gestatten? Tempelmeier, Jens, aus Berlin-Wedding! Wedding?! Das Rudolf-Virchow-Krankenhaus. Ich hatte von diesem Bezirk und seinem schrecklichen Schicksal gehört. Nachdem man Anfang des 21. Jahrhunderts die Lärmemission des Autoverkehrs auf null hatte senken können, beging die Krankenhausleitung den fatalen Planungsfehler, die hypermoderne neue Säuglings- und Entbindungsstation direkt an der zum Stadtring führenden Seestraße zu bauen. Es war der ruhigste Ort auf dem ganzen Gelände. Dann jedoch kam plötzlich und unerwartet das päpstliche Fahrgeräuschkonzil, wodurch die Fahrer der vorbeirauschenden, geräuschlosen Autos tagaus, tagein solch einen infernalischen Lärm veranstalteten, dass alle Einwohner des Weddings, die auf dieser Station geboren wurden, quasi von Geburt an schwerhörig waren, wodurch der Lärmpegel nochmals wuchs, denn man konnte sich ja nur noch durch Schreien bemerkbar machen. Es geht die Legende, dass seit über 50 Jahren kein Weddinger mehr einen anderen Weddinger wirklich verstanden hat. Ich frage mich, wie sie unter diesen Umständen überhaupt hatten sprechen lernen können.

Der kleine Mann schreit weiter:

– Ihre Auftraggeber schicken mich. Ich soll Ihnen alles Wesentliche über Ihre Aufgabe mitteilen! Aber geben Sie bitte acht, alle Informationen, die Sie von mir bekommen, sind streng vertraulich und äußerst geheim! Niemand darf davon erfahren!

Ich war beeindruckt. Dieser Tempelmeier musste wirklich gut auf seinem Gebiet sein, wenn er trotz seiner sinnestechnischen Unzulänglichkeiten mit solch einer heiklen Aufgabe betraut wurde.

– Sagt Ihnen die Konzeption «Beste aller möglichen Welten» etwas?

Natürlich sagte mir das etwas. Eine Gruppe, bestehend aus den wohl fähigsten und brillantesten Geistes- und Naturwissenschaftlern unserer Zeit, beschäftigt sich schließlich schon seit Jahren mit dieser Konzeption. Sie geht zurück auf eine zunächst wenig beachtete Kurzgeschichte vom Anfang des 21. Jahrhunderts. Ein damals eher unbekannter Schreiber namens Horst Evers hatte sie seinerzeit verfasst. 2070 wurde sie Gott sei Dank wiederentdeckt, und seither fasziniert und begeistert sie die klügsten und innovativsten Köpfe der denkenden Welt. Dabei ist die Grundidee dieser Geschichte für Evers' Verhältnisse relativ schlicht. Die durchaus spannende Kriminalerzählung spielt in der besten aller möglichen Welten. Sämtliche Tätigkeiten, Aufgaben und Pflichten werden dort von Computern oder Robotern ausgeführt. Sie produzieren, verteilen, putzen, überwachen die Ressourcen, forschen, reparieren und warten sich gegenseitig, machen Filme, Theater, schreiben ... – eben alles. Die Menschen machen alles in allem nichts, haben also ausschließlich Freizeit, es wird für sie gesorgt, sie können tun und lassen, was sie wollen.

– Die Zeit ist reif, wir können jetzt mit der Einführung dieser besten aller Welten beginnen!

Ich erschrecke und sinke in meinen selbstreinigenden Sessel zurück. Dieses vollkommene Selbstreinigungsprinzip irritiert mich immer noch. Gut, man muss jetzt keine Toilette mehr aufsuchen, sondern kann an Ort und Stelle ohne Geruchsentwicklung oder Feuchtigkeitsrückstände jegliches Geschäft und Geschäftchen erledigen. Alles wird vom Sitz aufgenommen, verarbeitet und zu einer riesigen Fäkalblase transportiert, welche hinten am Zug hängt und lustig hin und her schlackert. Aber irgendwie mag ich das nicht so. Außerdem habe ich noch nicht das große Blasenunglück von Leipzig vergessen, als kurz vor dem Bahnhof die Blase platzte und sich der ganze Dreck ... Nie werde ich das Bild von dem kleinen, verendenden Vogel mit seinem verklebten Gefieder vergessen.

– Die beste aller Welten? Heißt das, Sie haben eine Lösung gefunden, wie Sie die Menschen davon abbringen können, die Kontrolle über die Computer und Roboter und damit unendliche Macht zu erringen?

– Hä? Wir haben nämlich eine Lösung für das Kontrollproblem!, krakeelt Tempelmeier, dann schaut er sich um, ob ihn jemand hören könnte. Mir wird mulmig:

– Um Gottes willen, bitte nicht, das ist viel zu gefährlich.

– Ach, was soll schon passieren?

– Bitte? Wahrscheinlich wäre das das Ende der Menschheit.
Wir würden früher oder später alle versklavt werden.
– Ach, glaub ich nicht …
Plötzlich verschwindet Tempelmeier. Einfach so. Dann verschwinden die anderen Fahrgäste, dann der ganze Zug, und ich falle neben den Gleisen in ein kleines Gebüsch.
Was war geschehen? Eine neuartige Bombe? Außerirdische, die alles, was sie brauchen konnten, auf ihren Planeten gebeamt hatten, oder war alles nur ein böser Traum gewesen?
Nein, die Ursache für dieses Verschwinden lag schon beinah 100 Jahre zurück.

Berlin, im November 2007.
Ein blasser, glatzköpfiger Mann sitzt an seinem Küchentisch und arbeitet an einer Geschichte. Noch klingen ihm die Ohren vom letzten Telefonanruf: «Mensch, Horst, sieh bloß zu, dass du den Text bis morgen fertigkriegst, wenn du den Termin wieder verpasst, brennt's in der Hütte. Sei doch mal ein bisschen verantwortungsbewusst.»
Aber Horst ist unzufrieden. Die Konzeption, eine Kriminalgeschichte in einer besten aller Welten, steht zwar schon, aber eigentlich hätte er gerade jetzt unheimliche Lust, mal eben ein Bier trinken zu gehen. In seinem Innern findet ein grausamer Kampf statt, Bier oder schön verantwortungsbewusst sein. Schließlich fällt die Entscheidung: Bier!
Die Geschichte wurde nie zu Ende geschrieben. Obwohl Horst Evers damit die Welt und die Menschheit gerettet hat, dankt man es ihm wenig. Stattdessen gibt es ungerechte und kleinkrämerische Vorwürfe. So geht es einem, wenn man die Menschheit vor dem Untergang bewahrt. Und bezahlen tut einem das auch keiner.
Wie dem auch sei, was hätte nicht alles vermieden werden können, wenn alle immer so verantwortungsbewusst wie Horst

Evers gehandelt hätten? Wenn zum Beispiel Oppenheimer, statt die Atombombe zu bauen, lieber mal ein Bier trinken gegangen wäre? Wie viele Unglücke der Menschheitsgeschichte hätten (nicht) vermieden werden können?

Wir stellen also fest: Lieber mal ein Bier trinken gehen, ist so ziemlich das Verantwortungsbewussteste, was man überhaupt machen kann. Und wenn das nicht eine erbauliche Moral für so eine Geschichte ist, dann weiß ich es auch nicht.

... Liebe

Wie Joachim Mirow die Liebe seines Lebens gefunden hat

Wie oft fährt man U-Bahn, ohne wirklich zu würdigen, welch großartige Leistung die Berliner Verkehrsbetriebe da Tag für Tag vollbringen. Ohne groß nachzudenken, reist man quer durch die Stadt, ohne der jeweiligen Bahn angemessene Dankbarkeit für ihre beeindruckende Leistung entgegenzubringen. Wie sie so souverän, zügig und selbstverständlich durch die urbane Landschaft pflügt. Doch die BVG ist nicht dumm. Um den Menschen wieder ein wenig Demut vor dem Wunder des öffentlichen Personennahverkehrs beizubringen, hat sie mal die U-Bahn-Linie 2 kaputt gemacht. Für ein halbes Jahr. Nun haben die Menschen mal richtig Zeit, auf dem Bahnhof Gleisdreieck einer funktionierenden Linie 2 zu gedenken. Was das für ein Wunder ist, von Pankow bis Ruhleben in einem durchzufahren. Und fest zu sein im Glauben, dass die U-Bahn-Linie 2 dereinst wiedergeboren wird.

Als ich vor einigen Jahren auf dem Einwohnermeldeamt bei Religionszugehörigkeit «BVG» geschrieben habe, hat man es mir nicht anerkannt. Dabei ist in dieser Stadt bei kaum etwas Glaube, Liebe und Hoffnung so wichtig und elementar wie bei der BVG.

Stehe an der Bushaltestelle und erhoffe in stiller Andacht das Wunder eines kommenden Busses. Eine Frau kommt an die Station und spricht den neben mir wartenden Mann an:

– Hi, übrigens, ich krieg zehn Euro von dir!

– Was denn? Haste den gestern echt noch mit zu dir nach Hause gekriegt?

– Japp!

– Boarhh, Respekt, das hätte ich nich gedacht.

– Japp, und gewettet ist gewettet! Ich kenn doch meine Pappenheimer. Als ich den gestern Nacht am Tresen gesehn hab, wusst ich gleich Bescheid. So einen erst mal gar nicht groß ansprechen, sich ihn in Ruhe zwei, drei Stunden betrinken lassen. Reifen lassen. Und dann, kurz bevor er faul wird – pflücken.

– Kurz bevor er faul wird?

– Na klar, wennde die zu lange am Tresen hängen lässt, kannste se hinterher nich mehr brauchen. Oder sie fallen von selber runter. Denn isses ganz vorbei. Fallobst lässte mal besser schön liegen. Aber wennde den richtigen Moment erwischst, denn kannste ganz einfach ernten.

– Nee komm, du veräppelst mich doch. Du hast den gar nicht mitgekriegt. Das sagste nur so.

– Na, denn komm doch mit, der is noch da.

– Wat?

– Na, der pooft noch. Kannste mitkommen. Können wir ihn zusammen wecken, und denn kannste kieken.

Ich muss lachen.

– Ja wat? Wollen Se ooch mitkommen?

– Ich, ääh …

– Keen Problem, können ruhig alle wissen. Ich muss aber vorher noch im Kiosk und in der Bäckerei vorbei.

Ich finde, das Ganze klingt interessant, und ziehe mit den beiden los.

Nach dem Kiosk sind wir schon zu fünft. In der Bäckerei kommen drei weitere dazu. Und bis wir endlich die Wohnung erreichen, ist unsere Gruppe auf stattliche zwölf Schaulustige

angewachsen. Es ist relativ eng in der Küche und gar nicht so leicht, bis jeder einen Platz gefunden hat, als die Frau dann schließlich sagt:
– So, alle da? Na, denn hol ich ihn mal raus!

Joachim Mirow fühlte sich wahrlich nicht gut an diesem Morgen. Der Raum, in dem er erwachte, war ihm gänzlich unbekannt. Und auch die Erinnerung an die letzte Nacht konnte er nur äußerst bruchstückhaft aufrufen. Er hatte am Bahnhof Gleisdreieck wegen Schienenersatzverkehr aus der U2 rausgemusst, war irgendwann das Warten leid gewesen und einfach in die Stadt rausgerannt. Dann war er in dieser Kneipe gelandet. Das Letzte, woran er sich erinnerte, war, wie das Pärchen am anderen Ende des Tresens um irgendwas gewettet hatte. Als Nächstes war er in diesem Zimmer aufgewacht. Gut, er würde jetzt erst mal das Badezimmer suchen. Danach würde es ihm sicher schon viel besser gehen. Dann würde er einfach verschwinden und alles vergessen. Das Vergessen sollte wirklich einfach sein. Schließlich konnte er sich ja sowieso an nichts erinnern. Niemand würde jemals von dem Ganzen erfahren, auch er nicht. Als er jedoch die Tür zur Küche öffnete, ergab sich ihm ein Bild, das er sicher nie vergessen würde. Zwölf wildfremde Männer starrten ihn staunend an. Und mittendrin eine Frau, die stolz ausrief: «Tätärätäää!!!»
Ein etwas dicklicher Glatzkopf hatte wohl etwas Mitleid und bot ihm ein Croissant an. Ein anderer Mann blickte ihn feindselig an und gab der Frau zehn Euro. Der Rest schaute, als wollte er sagen: «Also, so doll jetzt aber doch nun auch wieder nicht. Hätten wir eigentlich mehr erwartet gehabt. Na ja, muss sie ja wissen.» 30 Sekunden Stille, dann begann Joachim Mirow zu schreien. So laut er nur konnte. Vielleicht war es die Angst, hier auf der Stelle zwangsverheiratet zu werden, vielleicht aber auch einfach nur ganz normaler namenloser Schrecken. In jedem

Falle griff er sich seine Sachen, schlug eine Gasse durch die Männer und stürmte aus der Wohnung. Im Treppenhaus zog er sich an, nicht jedoch ohne dabei beständig weiterzuschreien. Erst auf dem Bürgersteig kam er wieder einigermaßen zur Ruhe. Und dann fand Joachim Mirow die Liebe seines Lebens. Bis heute weiß er nicht, warum die Frau ihm plötzlich um den Hals gefallen war, ihn geküsst und gebeten hatte, mit ihr fortzugehen. Weit, weit fort von allem hier. Eigentlich hatte er nur Hunger gehabt, war in die Bäckerei gegangen und hatte eine Käsestange verlangt.

– Wie? Für jetzt? Von heute?, hatte die Verkäuferin ungläubig, fast ein wenig hysterisch, laut nachgefragt.

– Ja natürlich. Warum?, war seine irritierte Antwort. Da war sie auch schon hinter dem Tresen hervorgesprungen und hatte ihn geküsst.

– Sie können sich gar nicht vorstellen, wie schrecklich dieser Tag bisher gewesen ist.

– O doch, das kann ich!, sagte er. Und dann gingen beide zum U-Bahnhof Gleisdreieck und fuhren einfach fort, so weit die BVG sie trug.

REGISTER

Ägypten
Land in Nordafrika. Weltberühmt durch die Pyramiden und den wohl berühmtesten Aussiedler Moses. Wichtigste Industriezweige sind die jahrtausendealte Kultur und Zigarettenblättchen, die allerdings zur Zeit auch durch die Rauchergesetze bedroht sind.

Akropolis
Es gibt Theorien, die Akropolis habe nie, auch nicht in der Antike, anders ausgesehen als heute. Sie sei einfach ein nicht fertiggestelltes Bauprojekt gewesen, wie es das ja auch heute noch gibt. Die stolzen Athener jedoch hätten einfach behauptet, sie sei fertig, und dies aus Jux in allen Zeugnissen ihrer Zeit auch so niedergelegt. Im Prinzip sei die Akropolis die erste virtuelle Welt der Menschheitsgeschichte gewesen. Na ja, das philosophische Know-how für so was hätten sie ja gehabt.

Alexanderplatz
Wird gerade komplett neu gebaut. Soll groß werden.

Baden-Württemberg
Wenn man in Baden jemandem sagt: «Die Alemannen hier hören es gar nicht gern, wenn man sie Schwaben nennt», dann erfährt man ziemlich schnell, wie groß die Probleme der einzelnen Gruppen dort untereinander sind. Ein bisschen ist Baden-Württemberg so was wie das Jugoslawien Deutschlands.

Bad Salzuflen

In Bad Salzuflen wurde ich von Kindern gefragt, ob ich in Berlin auch mit Bushido zusammenspiele. Wirklich. Habe gesagt ja, das kontrollieren die doch niemals nach.

Beatles, die

Hatte kürzlich einen Traum, Paul McCartney hätte eine seltene Kehlkopfkrankheit, durch die er in der Öffentlichkeit nicht mehr reden, sondern nur noch singen kann. Eigentlich kann er auch nur noch seine alten Lieder singen. Super Traum.

Braunschweig

Man darf die Menschen in Braunschweig oder Wolfsburg nicht nach dem VW-Vorstand beurteilen.

Breitscheidplatz

Berühmter Platz in Berlin mit der Gedächtniskirche. Die Gedächtniskirche wurde im Krieg zerstört, der Breitscheidplatz im Zuge des Wiederaufbaus.

Broken-Windows-Theorie

Theorie, wenn in einer Straße ein Fenster kaputt ist und nicht sofort repariert wird, ist bald die ganze Straße runtergekommen. Ist wahrscheinlich wahr, weil die Theorie auch andersrum funktioniert. Wenn eine Straße erst mal runtergekommen ist, geht bald auch ein Fenster kaputt.

Burlage

Burlage kennt nur, wer schon mal da war.

BVG

Die eigentliche Königin Berlins.

Chemnitz
Noch eine schöne Stadt, droht allerdings gerade verbaut zu werden, oder ist es schon zu spät?

CIA
Meistens die Bösen.

Dativ, Genitiv etc.
Ich kenne sehr viele Menschen, mich eingeschlossen, die einen nur schwer zu unterdrückenden Hang zur Klugscheißerei haben. Das Klugscheißen allerdings zum Beruf machen zu können, muss großartig sein. Da wird man schon ein bisschen neidisch.

Detmold
Von allen deutschen Städten, in denen ich noch nie war, ist mir diese am vertrautesten.

Diepholz
Niedersächsische Perle zwischen Osnabrück und Bremen. Habe allerdings gehört, es gäbe solche und solche Perlen.

Dortmund
War mal die Stadt des Biers und des Fußballs. Bier is immer noch.

Düsseldorf
siehe Köln

Elsterwerda
Irgendwann werde ich diese ganzen Berliner Regional- und S-Bahn-Endstationen mal alle abfahren, und dann schreibe ich ein Buch nur über diese Orte, und wer jetzt diese Idee klaut, der wird ziemlich Schimpfe kriegen.

Fernsehturm

Man kann einem Berliner keine größere Freude machen, als Fernsehturm und Funkturm zu verwechseln. Dann blüht er auf. Dann gibt es eine mehrstündige Erklärung, welche noch jahrelang immer mal wieder zitiert wird.

Feuilleton

Die wissen echt immer alles und warum und so und vor allem besser, das ist echt Wahnsinn.

Gerd Müller

Würde Gerd Müller heute spielen, wäre er vermutlich mit Yvonne Catterfeld verheiratet. Ist wie Beckham im Alter in die USA und dort gescheitert.

Gleisdreieck

So hieß Klaus Schwarzkopf in der Serie Praxis Bülowbogen. Später hat man dann ihm zu Ehren diesen U-Bahnhof so genannt.

Google, google earth

Wenn in den 70er Jahren Menschen entmündigt werden sollten, hat man sie, um festzustellen, ob sie noch irgendwie am Leben teilnehmen, gefragt, was ARD und ZDF sind. Demnächst wird man wahrscheinlich fragen, was Google ist.

GPS

Hatte mal eins, aber hab's dann glaub ich verloren, weiß nicht mehr, wo das war.

Grey's Anatomie

Früher hieß das Schwarzwaldklinik.

Hermann der Cherusker

Durch seinen Sieg in der Schlacht im Teutoburger Wald (genau genommen ein Hinterhalt) hat er die Römer vom weiteren Vorrücken gen Osten und Norden abgehalten, wodurch der hohe zivilisatorische Standard Roms nicht weiter nach Germanien getragen wurde und die Entwicklung dieser Regionen rund 500 Jahre zurückgeworfen wurde. Ganz toll.

KGB

Könnte ich genau beschreiben, ist aber leider zu geheim. Meistens sind sie aber auch die Bösen.

Köln

siehe Düsseldorf (Mörderwitz)

Leipzig

Wenn es Leipzig nicht gäbe, man müsste es erfinden. Kenne einige, die überlegen, allein nur wegen der Mietpreise dorthin zu ziehen.

Lemgo

Finde ich einen der lustigsten Ortsnamen in Deutschland.

Luvsegel

Ein befreundeter Segler behauptet, es gäbe weder ein Luvsegel noch den Begriff eintreggeln. Ich glaube, er irrt. Beim Segeln gibt es jeden noch so absurden Begriff.

Mehdorn, Bahnchef

Wer keine Probleme hat, macht sich welche.

Mossad

Noch geheimer als KGB, CIA und GPS, aber auch sie sind meistens die Bösen.

Niedersachsen

Das zu erklären, würde jetzt zu weit führen. Bei ehrlichem Interesse könnte ich allerdings ein Lied darüber singen.

New Orleans

Gute Musiker, im Gegensatz zu Europa machen sie dort Jazz auch fürs Publikum.

Palast der Republik

Aus Überwachungsasbest erbautes, totalitäres Amüsiergebäude zur Symbolik der Unterdrückung oder so.

Paris Hilton

Ich frage mich manchmal nachdenklich,
wie wohl mein Leben wär,
wenn ich nicht ich, sondern versehentlich
die Paris Hilton wär.

Rodewisch

Erzgebirgsmetropole, war noch nie da, soll aber recht schön sein.

Stadtschloss, Berliner

Ich kenne es eigentlich nur als etwas alberne Plane.

Stuttgart

Kommt Stuttgart denn überhaupt im Buch vor?

Traunstein
So, jetzt verrate ich mal was, was man nie verraten soll. Die Geschichte passierte gar nicht in Traunstein. Hab sie nur dorthin verlegt, weil ich den Ortsnamen so schön fand und nicht schon wieder eine Geschichte in Stuttgart spielen lassen wollte.

Wolfgang Völz
Nicht wenige sagen, wenn er damals direkt nach «Raumschiff Orion» nach Hollywood gegangen wäre, könnte er heute Gouverneur von Kalifornien sein. Aber so ist er wohl auch ganz glücklich.

YouTube
Englisch, heißt so viel wie «Deine U-Bahn».

Zidane
Genialer Fußballer, ein sogenannter Kopfspieler.

Zschopau
Erzgebirgsmetropole, war noch nie da, soll aber mittelschön sein.

Jürgen goes crazy!

Jürgen von der Lippe
Monika Cleves
Verkehrte Welt
208 Seiten / gebunden
€ 14,95 (D) / sFr 23,50 / € 15,40 (A)
ISBN 978-3-8218-6071-8

Witzige Geschichten gibt es viele, aber nicht immer ist die Pointe so überraschend wie in *Verkehrte Welt*. Da entpuppt sich die brutal-spannende Story als Kinofilm und verwandelt sich zu einem ruppigen Beziehungsstreit, da hören wir den großen Homer im sehr kleinlichen Ehekrach mit seiner Gattin, da werden mit gewissen langbeinigen Models aus Bergisch-Gladbach Interviews geführt, die wir im wirklichen Leben gerne läsen. Irrwitzige Storys ohne Netz, aber mit reichlich doppeltem Boden.

»Wenn Sie sich mit diesen Geschichten vor ein Publikum setzen, werden Sie ahnen, warum Komödianten wie ich so verrückt auf diesen Beruf sind.« Jürgen von der Lippe

EICHBORN
www.eichborn.de

Horst Evers

«Evers' Geschichten sind federleicht, voll fatalistischen Humors. Einfach klasse.» (Süddeutsche Zeitung)

Mein Leben als Suchmaschine
rororo 24935

Gefühltes Wissen
rororo 24294

Die Welt ist nicht immer Freitag
rororo 24251

Für Eile fehlt mir die Zeit
rororo 25498

rororo 25498

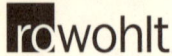 **rowohlt**

Rowohlt Online

Erhalten Sie täglich die neuesten Updates zu Büchern und Autoren und erfahren Sie mehr übers Büchermachen und Bücherlesen.

- Aktuelle Buchtipps
- Interessante Autorenporträts und -interviews
- Leseproben zu allen wichtigen Neuerscheinungen
- Spannendes Hintergrundmaterial zu Buchtrailern, Verfilmungen und Lesungen

Wir freuen uns auf einen regen Austausch. Besuchen Sie uns auf:

www.facebook.com/rowohlt

www.gplus.to/rowohlt

twitter.com/rowohlt

www.youtube.com/ RowohltVerlag

www.rowohlt.de

Ro 032/1

Max Goldt

«Max Goldt bleibt einfach der Größte.»
(Die Zeit)

rororo 25569

Ro 041/1 · Rowohlt online: www.rowohlt.de · www.facebook.com/rowohlt

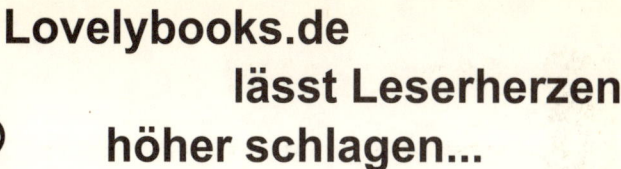